原発事故を子どもたちにどう伝えるか

ESDを通じた学び

阿部 治［編］
立教大学社会学部教授・ＥＳＤ研究所所長

合同出版

はじめに

３・11から丸４年が経った今、大震災による大津波に見舞われた被災地では復興とともに当時の痕跡が消されてきています。その一方で、大津波の恐ろしさを後世に伝えていくために遺産として残そうという動きもあります。しかし、大震災にともなう福島第一原発事故によって、原発が立地する福島県双葉郡管内の自治体のような高濃度放射能汚染地域では避難指示が継続しており、いまだ、震災当時のままに放置された多くの家屋が存在しています。何度か訪れた富岡町での当時のままに傾いた駅舎と線路に生い茂った雑草が目に焼きついています。

炉心溶融を起こしている原発の廃炉作業は遅々として進まず、高濃度の汚染水を垂れ流し続けているばかりか、さらなる地震や取り扱いによっては、より深刻な事態を招く可能性すらあります。多くの避難民が存在し、また、汚染地域には多くの人々が生活し、今なお、汚染を拡散し続けている手をつけることのできない壊れた原発が存在しているのです。この状況から抜け出すのに数十年、いや100年以上かかるかもしれないとすら言われています。しかし、残念ながらこれらの事実は、時間の経過とともに社会の関心からはずれ（あるいは、はずされ）、風化が始まっています。

大震災直後に、福島第一原発事故から避難した子どもたちに対して、受け入れた学校や地域で放射能汚染を理由にしたいじめや差別が生じているとの訴えを受け、日本環境教育学会会長として私は「福島第一原発事故によって避難した子どもたちを受け入れている学校・地域のみなさんへ」と題する、会長緊急声明（2011年5月20日）を発信しました。震災直後の計画停電の中、刻一刻と変わる事故後の報道にくぎ付けになりながら、居住地域の放射能汚染におびえ、公共交通機関の利用もままならぬ中、スカイプでやりとりをしながら、本声明を作成しました。この時からまだ4年しか経っていないのです。切羽詰まった当時の状況を思い起こすことは、本書の刊行意図とも重なるので、以下に一部を掲載します。

みなさんの学校や地域にも、こうして避難してきた人々を受け入れておられると思います。避難されてきた人たちに気を配り、温かく迎え入れておられるみなさんのご努力に心から敬意を表します。

しかしながら、一部の学校や地域でたいへん残念な出来事が起きているとも伝えられています。それは、福島県から避難してきた子どもや住民に対して、放射能汚染を理由に「いじめ」や差別が起きているというものです。

私たち日本環境教育学会の会員は、学校や地域において環境教育を実践し、研究しています。福島第一原発事故によって避難してきた子どもや一般の住民の方々によって、放射能汚染が広がる危険性がほとんど皆無であることは明らかです。ふるさとを追われ、親族や隣人、知人と離れ離れで避難生活を続ける子どもや住民の「悲しみ」をぜひとも「分かち合って」ください。

原発事故や放射能汚染に由来する非科学的で不合理な差別や偏見によって、避難している子どもや住民が傷つけられることのないように切にお願いします。

私たちも、学会として学校や地域で原発事故に関して学べる教材や条件をつくろうとしています。〔以下略〕

（日本環境教育学会HPより）

日本環境教育学会のみならず、本書に収められた取り組みのように原発事故を契機に少なからずの組織や個人が、当事者として原発事故をどう伝えるのか、放射能汚染とどう向き合うのか、さらには原発が生み出す電力に頼ってきたこれまでの日本社会をどうしていくのかなどについて、互いに伝え、学び合う取り組みを始めています。そして、これらの取り組みは、これまでの生活の場から切り離されたり、野外での活動が制限されたり、低線量の放射線の長期被曝にさらされている汚染地域の子どもたちのみならず、全国の子どもたちを対象に取り組まれています。この動きは、必然的に近年国内外で取り組みが強められている「持続可能な社会の担い手を育てる営み」であるESD（持続可能な開発のための教育：詳細は序章を参照）と結びついてきました。

しかし、残念ながら、このような取り組みは本書で書かれているような理由で広範な動きになっていません。その一方で原発事故に対する急速な風化が始まっています。福島第一原発事故に関わる問題は、一部の人間だけでなく全国民（ひいては全世界）にかかわる問題です。このような状況の中で、現在取り組まれている原発事故後の放射線教育やエネルギー教育などの取り組みをとりまとめ、その到達点と課題を共有することは極めて意義があると考え、本書を刊行しました。タイトルには「子どもたち」と書かれていますが、本書では青年を含めて長期にわたって福島第一原発事故と向き合いながら、新たな未来に生きていく人々という意味を「子どもたち」という言葉にこめています。

東日本大震災、福島第一原発事故という不幸を契機に過疎高齢化や里山の崩壊、原発事故にともなう放射能汚染など、まさに課題先進国である日本が、持続可能な未来に向けた国づくりへのイニシアティブを発揮していくために「社会の形成者」を育てるＥＳＤは極めて重要です。

本書に収められた、学習者が主体的にアクティブ・ラーニングで学ぶ教育実践は、「生きる力」や「社会を生きぬく力」を育み、持続可能な未来・社会づくりに自律的に参加する力を学習者に与えてくれるものです。福島第一原発事故後の多様な教育実践（福島県内や全国の取り組み）をとりまとめたものは本書が初めてです。本書を契機に３・11からの学びが広がることを願っています。

なお、本書では「放射線」（原子が壊れる時に出てくるエネルギーの大きい粒子や電磁波）と「放射能」（放射線を出す能力）の使い方をあえて統一せず、個々の筆者の場面に応じた使用に任せています。これは社会一般で使われているこれらの用語を厳密に分けることが難しいことが最も大きな理由です。

阿部　治

【凡例】本書では、文中で使用する単位等を以下のアルファベット表記で統一します。

mm……ミリメートル
cm……センチメートル
m……メートル
km……キロメートル
m^2……平方メートル
g……グラム
kg……キログラム
t……トン
μSv……マイクロシーベルト
mSv……ミリシーベルト
Sv……シーベルト
Bq……ベクレル
α……アルファ
β……ベータ
γ……ガンマ
ND……Not Detected（不検出）

目次

装幀——合同出版デザイン室
組版——山林早良

序　章

ＥＳＤと福島第一原発事故

阿部　治

1　はじめに

東日本大震災は大規模地震とそれにともなう大津波、さらに東京電力福島第一原子力発電所事故（以下、福島第一原発事故）といういわば３つの大きな災害をもたらしました。前の２つは自然災害であり、３つ目は人為災害ということができます。そしてこの震災は、教育や子どもにも大きな影響を与えています。また、福島第一原発事故を契機に、これまでの日本におけるエネルギーの生産と消費を根底から見直すことを迫られています。「トイレのないマンション」と形容されてきたように、使用済み核燃料の処分や放射性廃棄物の処理が困難であることや、ひとたび事故を起こしたならば取り返しがつかないことなどから、これまでも原子力発電の是非が論じられ、原発の建設に際しても批判の声がありました。

しかし、政府による強力な推進政策のもと、これらの批判や懸念は無視され、国際的にもアメリカ、フランスに次ぐ、世界第3位の原発を有する国になったのです。そしてこの推進政策の根拠となってきたのが、発電コストが他のエネルギー資源に比べて安価であるという経済性でした。使用済み核燃料の処理経費が膨大なことなどから、発電コストは安くないことなどが試算され（大島2011）、福島第一原発事故の廃炉や除染などに関わる莫大な費用も未知数であることなどからも、経済性の根拠は崩れています。

経済性の根拠が崩れ、事故を起こした福島第一原発の制御がままならない極めて深刻な状況が続いているにもかかわらず、川内原発などの再稼働が決定されるなど、政府による原発推進政策は変更されていません。再稼働の大きな理由のひとつが、原発立地地域の経済振興にあります。将来にわたって大きな負担となる使用済み核燃料問題や、事故が起きた際に生ずる、時間的・空間的にも深刻なダメージのほうが、短期的な経済的利益よりも優先的に考慮されるべきものと考えられますが、現実的にはそうなっていません。原発をめぐっては、東京電力であれば電力の生産地が新潟や福島であり、消費地が東京を中心とする大都市であることなどから、地域間格差を前提に設置しているのではないかという構造的問題も指摘されています。

本書の目的は、このような状況の中で、「持続可能な社会」や「持続可能な開発」を再考し、ESDの視点から、東日本大震災と福島第一原発事故以降のエネルギー教育、放射線教育の取り組みと課題について報告することです。そこで本章では、まずESDとは何かについて俯瞰したうえで、福島第一原発事故のみならず震災が教育や子どもに与えた影響、また、福島第一原発事故を含む震災がESDにどのような影響を与えたのかについて考察をしていきます。

2　ＥＳＤとは何か

ＥＳＤ（イー・エス・ディー）は〝Education for Sustainable Development〟（持続可能な開発のための教育）の略称です。日本の政府とＮＧＯが、２００２年にヨハネスブルグで行われた国連持続可能な開発会議において「国連ＥＳＤの10年」（２００５〜２０１４）を提案したことから、国連によって主導機関として指名されたユネスコのもとで、国際的に推進されてきています。

日本政府のＥＳＤの10年の国内実施計画によれば、ＥＳＤは「持続可能な社会の実現を目指し、私たち一人ひとりが、世界の人々や、将来社会、また環境との関係性の中で、生きていることを認識し、よりよい社会づくりに参画するための力を育む教育[1]」とされています。すなわち、１人ひとりの市民が主権者として、持続可能な社会づくりに主体的に参画する力を育むことを意図したあらゆる教育（学び）の活動であり、端的に言えば、「持続可能な社会の担い手を育てる営み」のことです。この主体的に関わる力を育むことに注目して、筆者は、ＥＳＤを「人々が持続可能な社会の構築に主体的に参画することを促すエンパワーメントであり、そのための力（つなぐ力、参加する力、共に生きる力、持続可能な社会のビジョンを描く力、など）を育む教育や学び」と定義しています。

後述するように、国連のブルントラント委員会が、１９８７年に提起した「持続可能な開発」の概念は、単に環境問題のみを対象としたものではなく、開発や貧困、平和、人権、ジェンダー、保健・衛生などのあらゆる諸課題を包含したものです。環境教育や開発教育、平和教育など、従来からこれらの諸課題の解決に向けた地球的課題教育が個別的になされてきましたが、地球環境問題が顕在化してきた１９８０年代以降、これらの諸問題が相互に密接な関係があることが認識されるようになり、総合かつ統合的に取り組むことの必要性が主張されてきました。それが総体としてＥＳＤと呼ばれるようになったのです。

そして、今日では、地球温暖化にともなう気候変動が、集中豪雨などによる自然災害となって現実化し、少子化・高齢化・過疎化による地域の消滅が現実味を帯び、貧困や民族衝突に起因するテロや紛争が多発するなど、国内外において先行き不透明な、まさに持続不可能な時代になってきました。このような時代において、ＥＳＤによって、その原因である「人と自然」、「人と人」、「人と社会」の関係を見直し、持続可能な関係に変え、持続可能な社会をつくっていくことが人類にとって喫緊の課題となってきたのです。

参加体験型学習などのアクティブ・ラーニングを通じてコミュニケーションスキルや問題解決スキルなどを学ぶＥＳＤは、解答のないこれからの時代を生き抜く21世紀型コンピテンシーを育むことにつながることから、現在行われている学習指導要領の改訂作業においても、重要な課題のひとつとして注目されています。しかし、我が国の教育にとっては新しいことではありません。先行き不透明な時代において、「自ら考え、行動する力」である、「生きる力」を育むことを目指した総合的学習の時間などで、アクティブ・ラーニングに取り組んできたからです。ＥＳＤは名称こそ新しいのですが、少なからずの学校で取り組まれてきたものです。

ＥＳＤは、教科横断型や学習者が自ら課題を発見する探究的アプローチ、相互に学び合うアプローチなどに特徴があります。知識と体験を統合し、持続可能な社会に向けた市民としての基礎リテラシーを育んでいくこと、あるいは社会参加をしながら参加型民主主義を学んでいくシチズンシップ教育の側面も有しています。また、ＥＳＤを通じて、大人と子どもが共に学ぶ場面が多くみられるようになりました。日本の子どもたちは他国に比べて、自己肯定感が低いと言われていますが、社会をより良くするために活動する大人たちと協働することで、自己肯定感を高め、未来を肯定的に捉えることが可能となります。

ＥＳＤを契機に、環境や人権、食育、多文化理解、まちづくりといった多様なテーマに関心を持つ人々が、持続可能性をキーワードに世代や組織を超えて、つながるようになりました。地域によっては、これらの多様な人々がＥＳＤ推進協議会などのコンソーシアムを立ち上げ、初等教育から高等教育、社会教育に至るＥＳＤの取り組みを協働で進めています。このようにＥＳＤには持続可能性に関わる多様な主体や個人を「つなぐ装置」としての機能があります。

３　持続可能な開発とは

「持続可能な開発」(sustainable development) は、国連の「環境と開発に関する世界委員会」(ブルントラント委員会) の報告書『地球の未来を守るために』(１９８７) を契機に広まった概念です。持続可能な開発はその報告書において、「将来世代のニーズを充たしつつ、現在の世代のニーズも満足させるような開発」(2) と定義されています。ここでいう「ニーズ」をあえて訳すとするならば、「必要物」になります。人間の「欲望」は無限ですが、生きていくための「必要物」は無限ではありません。経済的に恵まれた日本に暮らす私たちの生活は、多くの不必要な物にかこまれています。

このニーズの視点は、持続可能な社会を構築するうえで、非常に大切な視点です。

持続可能な開発には、環境、経済、社会（文化を含む）、政治の4つの側面があります。それにもかかわらず、多くの場合は、後述するようにトリプル・ボトム・ラインとして、環境、経済、社会の3つの側面のみが強調されています。しかし、「意思決定における効果的な市民参加を保障する政治体制」（『地球の未来を守るために』）が、持続可能な開発や持続可能な社会の追求には必須であることを認識しなければなりません。すなわち、持続可能な社会創造の当事者として、政治やガバナンスにかかわる市民性（シチズンシップ）を養う市民教育は、ESDの重要な視点なのです。

そして、持続可能な開発の概念は、①人と自然との関係（健全な自然環境の担保＝ヒトと自然との間の公正）、②他の人々との関係（＝世代内の公正）、③未来の人々との関係（＝世代間の公正）という3つの公正を包含しています。これらの公正は、原発事故をめぐる教育を進めるうえでも、ESDを進めるうえにおいても非常に重要な視点です。

なお、持続可能な開発を構成する要素として、環境、経済、社会の3つがトリプル・ボトム・ラインとして重視されており、これら3つの要素の関係性を示すものとして、図①（a）がしばしば使われることがあります。しかし、この関係図は3者の関係を適切に反映しているとはいえません。すなわち、（b）のようにこれら3つの要素には階層性があり、環境が安定していなければ社会も経済も成り立たず、社会が安定していなければ経済も成り立たないという関係にあるからです。最も外側に位置するものが環境であり、次に社会、その中に経済があるのです。すなわち、環境の範囲内での社会・経済であり、かつ社会の範囲内での経済なのです。

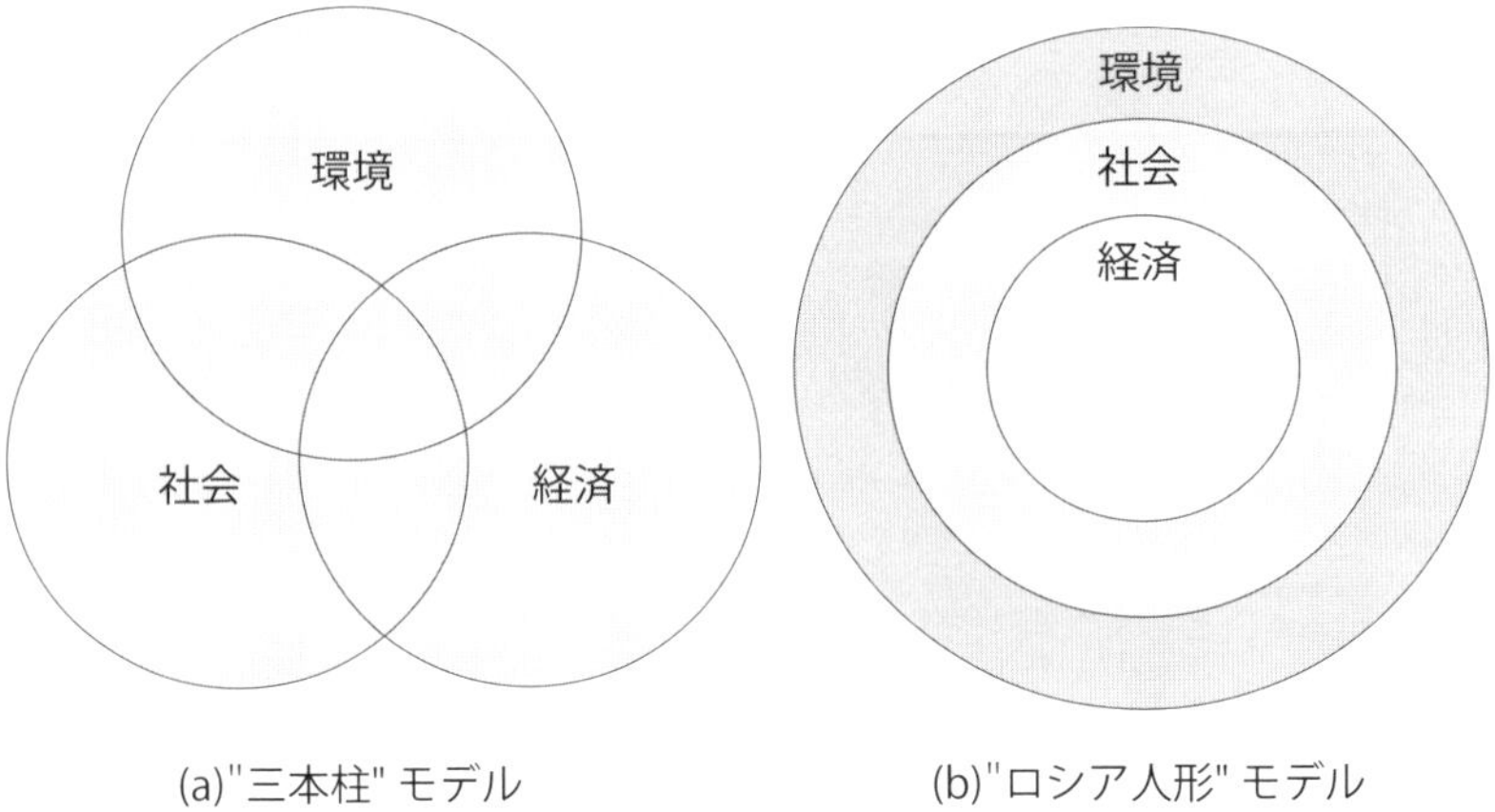

図①　トリプル・ボトム・ラインの考え方に基づいて持続可能な発展の概念を説明する２つのモデル

筆者はこれらの関係を健全な自然環境のうえに経済と社会が載っている図②のように捉えています。健全な環境とは生物多様性と物質循環が担保されていることを意味し、それを前提に人々の暮らし（社会や文化）があること、経済は自然環境に働きかけ、社会（人々の暮らし）の安寧を持続させる手段にすぎないのです。この関係では、紛争などで社会が乱れれば、環境に悪影響を与え、逆に環境が悪化すれば、社会が乱れます。しかし、グローバリゼーションが進行していく過程で、本来、環境や社会に包含されるべき（つまり環境や社会の安定があってこそ担保される）経済が両者を飲み込み、多大な悪影響を与えています。

このことが、持続可能な社会を構築していくためには、経済至上主義からの脱却が必要ではないかと言われるようになってきた所以です。いずれにしても、環境が持続可能な社会の基盤であり、これを前提に、経済と社会との関係を見ていくことが持続可能な社会の構築にとって重要な視点なのです。このことは、環境を切り口に他の

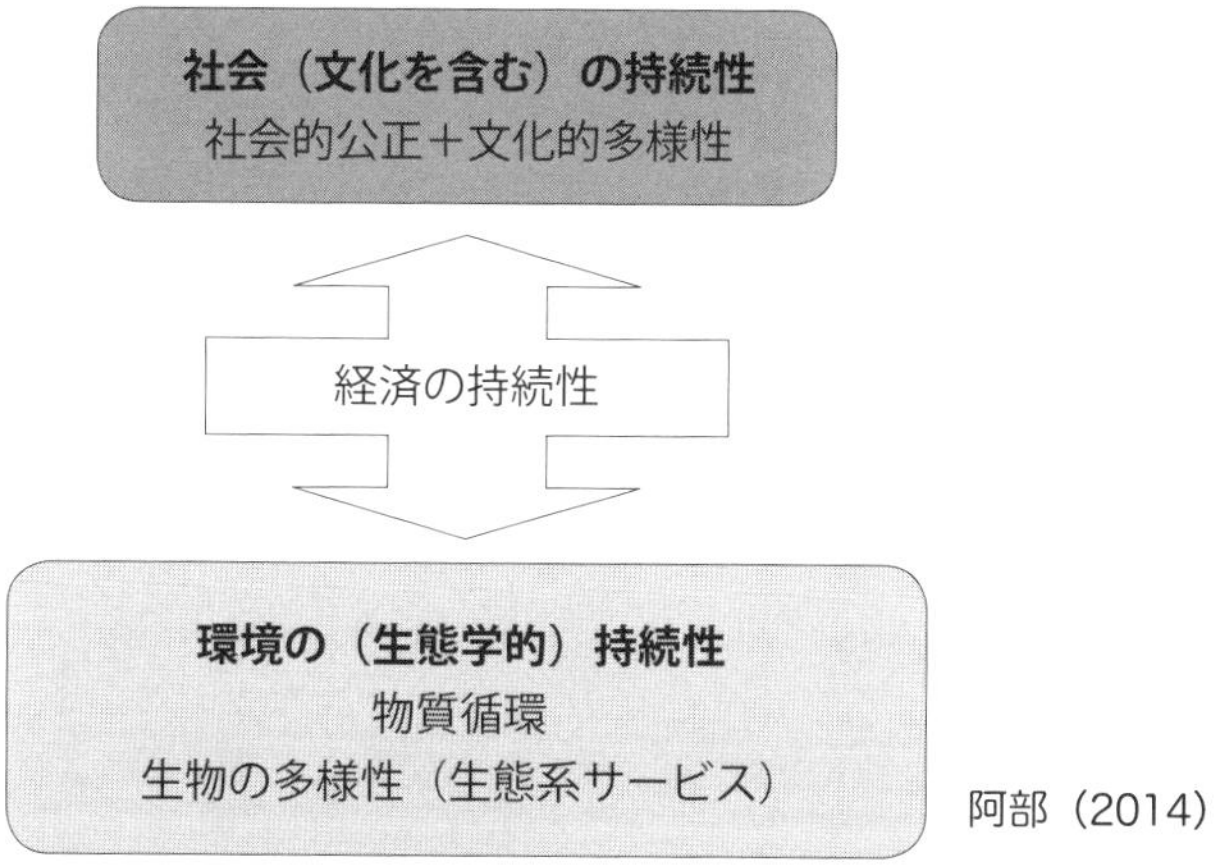

図②　持続可能な開発の構造

さまざまな課題とのつながりを見ていくＥＳＤの考えとも通じます。

原発事故を扱う際にも、環境、社会、経済の構造について子どもが認識し、議論できるように扱うことが必要です。

４　福島第一原発事故がもたらした課題

福島第一原発事故による放射性物質の拡散は、事故当時の気象状況に左右され、原発が立地している福島県にとどまらず隣接県を含めて広範囲にわたっています。

復興庁による除染対象地域になっている県と市町村の数[3]（以下（　）内の数字、２０１４年時点）は、岩手（３）・宮城（８）・福島（36）・茨城（19）・栃木（８）・群馬（９）・埼玉（２）・千葉（９）の８県94市町村となっています。そして福島第一原発事故による高濃度汚染地域が広がっている福島県では、今なお多くの人々が、避難生活を余儀なくされています。同じ復興庁の資料によれば、その数は避難指示区域からの避難者が約10万人、その他が約

2・4万人で合計12・4万人（その内、県内への避難者数7・8万人、県外への避難者数4・6万人）となっています。子どもを含む多くの人々が生活の場や仕事、学ぶ場を奪われ、さまざまな困難の中で暮らしているのです。

これらの困難には、筆者が行った福島県在住者や福島県から他地域に避難された方々などへのインタビューからも、仕事を失ったことによる経済的問題や生活環境、差別、人間関係の分断など、広範囲にわたっていることがわかってきました。本章では、子どもを含めて福島第一原発事故の影響を受けている福島県民が直面している課題について整理します。

私たちが暮らす世界のことを「100人の村」にたとえて、とてもわかりやすく表現した『世界がもし100人の村だったら』というシリーズ本があります。民族や言語、経済など多岐にわたる内容は参加型学習教材としても広く活用されています。これらの本の著者である池田香代子氏は、震災後に出版した『福島再生　その希望と可能性』（池田ほか2013）の中で、シリーズの第4巻『子ども編』（池田ほか編2006）に収めた、シリーズ本を著すきっかけとなったドネラ・メドウズ氏の以下の一節を紹介しています。

ドネラ・メドウズは言いました。

貧しい人びとがしあわせになるためには金持ちになる必要はない、

5つのことが満たされればいい、と

1つめは、きれいな空気と土と水

2つめは、災害や戦争のためにふるさとを離れなくてすむこと

３つめは、予防をふくむ基礎的な医療を受けられること
４つめは、基礎的な教育をうけられること
そして５つめは、伝統文化に誇りをもち、それらを楽しむことができること

そして、池田氏は、「幸せに暮らすための５つの条件が原発事故の福島と重なって見えて胸がつかえてしまいます」と述べています。放射性物質による汚染のためにきれいな空気と水が奪われ、故郷を追われ、被曝による健康被害から身を守ってくれるはずの医療体制にも不信感がぬぐえず、仮設校舎での教育や不十分な放射線教育、故郷を離れ伝統文化を楽しむことすらできない、確かにこれらは原発事故後の福島県における居住民の課題とみることができます。そしてこれらの課題には入っていませんが、放射能汚染地域に生まれ、あるいは、そこで生活していることに対する差別や分断の問題は、次章以降でしばしば指摘されていますが、大変重要な課題です。

5　東日本大震災以降の教育を取り巻く状況とＥＳＤ

岩手県や宮城県などの津波被災地では、多くの人々が亡くなるなど、甚大な人的被害をこうむりました。そしてこれらの地域における学校も仮設校舎の確保など、大きな影響を受けました。日本学校教育学会は大震災の被災地の学校で何が起こり、どんな問題が起きたかを明らかにし、今後の学校教育のあり方を考える素材や視点を提供することを意図して、「東日本大震災と学校教育」調査研究プロジェクトを立ち上げています。このプロジェクトの報告書『東日本大震災と学校教育震災は学校をどのように変えるのか』（日本学校教育学会編２０１２）には、震災前の学校に通学

できず、別の学校に通わなければならなくなった幼児・児童・生徒数は2万5751人にのぼったと記載されています。そして、これらの中には、両親をはじめ、身近な人々を亡くした子どもたちが多数いました。

同報告書の中で、和井田節子氏（2012）は、「事件・事故などによって学校での正常な教育・学習活動が困難になり、これまで行ってきた問題解決の方法だけでは克服できない事態に陥った状態を、学校危機と呼び、①個人レベル、②学級レベル、③地域レベル、④社会レベルの4つの危機に分類しています。

そして、いずれの学校危機からの回復においても、個人レベルから順に回復していくと述べています。東日本大震災は、言うまでもなく社会レベルの危機でした。また、同時に多くの地域で学校が地域の避難場所にもなったことから、この回復過程において、学校と地域との連携が非常に重要な役割を発揮しています。第3部では原発事故からの避難所における子どもと大人との関係性が語られていますが、大人たちの行動や意識が子どもに与える影響の大きさを物語っています。

福島第一原発が立地していた大熊町は、事故直後に全町民避難となり、田村市での分散避難を経て、現在は主に会津若松市といわき市に拠点を移しています。とくに会津若松市に拠点を移す際には、学校と地域コミュニティは不可分との視点に立って、早期の学校再開を第一の目標に掲げ、事故の起こった翌月である4月16日には、幼稚園から中学校までの合同入学式を行い、学校を再開しました。結果として、子どもたちの保護者を中心に、学校を紐帯とした地域コミュニティが形成されたといわれています（武内2012）。

また、国民教育文化総合研究所は、震災後の学校の対応について、最も津波被害が大きかった岩手・宮城・福島の3県の教育委員会、教職員組合、そして文科省の被災関連統計資料や通達、教職員組合ニュースなどを収録した『資料集　東日本大震災・原発災害と学校』（2013）を発刊しています。これは時系列的に当時の状況を把握できる貴重な資料集です。たとえば、本資料集に収められた組合発行のニュースを見ると、刻一刻と変わる状況の中で試行錯誤をしながら子どもや学校、被災者との関係性をつくろうとした当時の緊迫感が伝わってきます。

東日本大震災を契機に復興教育への取り組みも始まっています。たとえば、岩手県が作成した東日本大震災津波復興計画（2011～2018年）の中では、震災からの復興を通して、未来の岩手の担い手づくりをめざす復興教育が始められています（資料集）。復興教育では、「生きる力」の要素である「物事をとらえて何をどのように考えるのか（思考力）」「そして考えたことをもとに自分なりにどのように判断していくのか（判断力）」、そして「いつどのようにどのような形で表現し、行動していくのか（表現力）」の要素が組み込まれるとしています。そして、復興教育に関わる活動や取り組みでは、「体験を通して」「体験に裏付けられたもの」として、既習・既有の知識や技能をフルに用いて、体験を通しながら物事を見つめ、ふり返り、さらには新たなものを見つめ獲得しながら、それらを整理・統合し、関係づけながら活用していくとしています。

これらのことは、ＥＳＤを通して育む能力にほかなりません。また、その手法はアクティブ・ラーニングをベースにしていることから、ＥＳＤとは極めて親和性が高い教育活動です。現に、被災後の地域づくりに関わる学習や避難路の作成といった防災教育を通じたＥＳＤが、気仙沼市や八戸市など被災地に限らず、少なからずの小・中学校で取り組まれています。また福島県双葉郡管内においても、震災を契機にやはりアクティブ・ラーニングをベースにしたふるさと学習の取り組みが始まっています。このように、震災を契機にＥＳＤの取り組みが広がっています。

ＥＳＤ国内実施計画は当初の予定に沿って２０１１年６月に改訂され、改訂前に比べて、我が国のＥＳＤ全体に関するより積極的な推進指針が明記されました。しかし、東日本大震災と福島第一原発事故については、震災を契機に「……新しい地域づくりを日本全体で構想していくこととなりますが、『持続可能な社会』はその際の柱となる考え方の一つとなる……」[1]としながらも、「大震災や原子力発電所事故等の経験を基にした教訓や復興についての考え方をＥＳＤの推進にどう生かしていくかについては、被災地の安定等を待って改めて議論し、それを踏まえて再度実施計画を改定すること」[1]としました。その後の改訂はなされていません。

そして、ＥＳＤの10年の成果と課題をまとめた『国連持続可能な開発のための教育の10年（２００５〜２０１４年）ジャパンレポート』（「国連持続可能な開発のための教育の10年」関係省庁連絡会議２０１４）では、東日本大震災と福島第一原発事故はＥＳＤの必要性や価値を改めて認識させる契機となったとして、①防災・減災に生かされたＥＳＤ、②エネルギーや環境問題に国民の関心の高まり、③復興に活かされるＥＳＤ、の３点にわたって言及しています。福島第一原発事故については、主に②で言及していますが、原発停止などにともないエネルギー問題や地球温暖化問題、ライフスタイルへの関心が高まったことなどの記述にとどまっており、原発問題自体への関心の高まりなどへの言及がありません。原発は日本のＥＳＤが避けて通ることができないテーマであることから、学校や地域などで全国民が学ぶべき課題であることを明確に記述すべきでした。

このように、原発事故が我が国のＥＳＤに与えた影響についての政府によるＥＳＤ文書への記載は限られています。ポストＥＳＤの10年における、ＥＳＤ国内実施計画の改訂に際しては、原発問題に正面から向き合うことが求められています。一方、民間のＥＳＤへの取り組みについては、本書で取り上げているように大きな影響を与えています。

６　福島第一原発事故後の子どもを取り巻く状況

原発事故後の子どもの健康問題の最大の関心事は、甲状腺がんをはじめとする放射線被曝による影響です。しかし、次章以降で放射線被曝を避けるための放射線教育の実践が報告されていますので、本章では、触れないこととします。

その他の子どもたちの健康問題としては、被災にともなう環境変化などによる精神的なストレスや、運動量の低下などにともなう肥満があげられます。後者については、２０１４年度学校保健統計調査（速報値）[4]によれば、福島県内の肥満傾向児が3年連続で高水準になっています。とくに、9歳児が全国平均の1・8倍であったことを筆頭に、他の年齢層でも全国平均を大幅に上回っています。その理由としては、放射能汚染を心配して戸外に出ないことなどによる運動不足などが考えられています。

震災直後からのこのような問題意識のもと、２０１１年12月、郡山市に東北最大と言われる屋内遊技場「PEP Kids Koriyama（ペップ・キッズ・郡山）[5]」がオープンしています。これは、スーパーマーケットの経営者である大高善興氏が、「放射能の影響で、屋外での活動が思うように出来ず、小さい子どもさんや、お母さん方は大変な苦労をされている」ことを憂慮していた中、震災後に外遊びや屋外での活動ができなくなることによる子どもの健康問題やストレスなどを懸念していた「郡山市震災後子どものケアプロジェクト」の菊池信太郎氏などと出会う中で生まれた事業です[6]。

同社の社会貢献活動の一環として始まった屋内遊技場は、郡山駅近くの倉庫として活用していた建物を改修し、同社などが遊具を寄付して、郡山市に運営を任せています。生後6カ月から12歳までの子どもたちとその親たちを対象にした施設で、水遊びができる70㎡の大きな砂場をはじめ、子どもたちの料理教室など、多様な活動が常駐のプレーリーダーとともに行われています。開館時から子ども連れでにぎわい、来場者は開館からの3カ月間で10万人を突破しました。筆者が2014年9月に訪問した際にも、広い屋内が子どもたちの歓声であふれていました。

基本コンセプトには、①外でできない遊びを屋内で実現すること、②運動の基本となる遊びを通して、運動不足の解消と運動能力の向上を図ること、などがあげられています。

同様の趣旨で、2015年3月には、福島市内に敷地面積1200坪という広大な屋内遊技施設である「CHANNEL SQUARE」[7]（自分のチャンネルにあわせて遊びに来れるという意味を込めている）がオープンする予定です。ここにはスケートボードなどができる運動場があるほか、放射能測定器や内部被曝の測定機械であるホールボディカウンターも設置され、遊びながら放射線被曝と向き合える施設となっています。

福島第一原発事故後の放射能汚染によって子どもたちの屋外活動が制限されたことは、子どもたちがセンス・オブ・ワンダーを育む機会を奪ってしまうことになりました。農薬汚染に警鐘を鳴らした『沈黙の春』の作者として知られているレイチェル・カーソン（1996）が名づけたセンス・オブ・ワンダーとは、自然の持っている不思議さや美しさに目をみはる感性のことです。子ども時代にのみ育むことができるセンス・オブ・ワンダーは生涯にわたって消えることのないものであり、人生の折々に触れ、人間を超えた自然が持っている癒しを感じ、生きる力を与えてくれるものです。また、リチャード・ループ（2006）は、自然と触れることは人間の成長や発達にとって必要不可欠であることを、数多くの文献をレビューすることで明らかにしました。すなわち、私たちのこれまでの経験をはるかに超えた広域・長期間にわたって続くであろう、福島第一原発に起因する子どもと自然との断絶は、子どもたちの成長に予測のつかない大きな悪影響を与える可能性があるのです。

このような原発事故にともなう自然体験不足の問題を軽減するために、震災後、数多くの保養プログラムが展開されています。保養プログラムは屋外における自然とのふれあいや運動だけでなく、第3部で触れているように、転地することで食物からの内部被曝を減らすという効果もあります。

福島県鮫川村で自然学校「あぶくまエヌエスネット」を20年以上にわたって展開してきた進士徹氏は、震災直後の自然学校の全国ネットワークを活用した保養プログラムとして「ふくしまキッズ」を2011年の夏に立ち上げました。子どもたちの受け入れ先は北海道から愛媛県までと全国に分散しています。

進士氏はプログラムを始めたきっかけを次のように述べています。

私は、大人として何ができるか、悩みました。本当に悩みました。子ども達の命を守り育てることは大人の責務だからです。

考えた末に、自然学校のつながりを利用して、「ふくしまキッズ」を起こしました。民間団体、企業、行政と連携して、福島の子ども達に、1年のうちの何日でもいい、放射線を気にしないで、目いっぱい屋外で遊んでリフレッシュしてもらうことを目的としています。受け入れ協力地域、「受け地」で、ホームスティあるいは共同生活をし、地域の方々と交流しながら、その地ならではの体験活動を行います。（進士2013）

また「ふくしまキッズ」に子どもを送ったある親は、次のような感想を寄せていますが、子どもを抱えた保護者の苦悩が読み取れます。

〔前略〕福島では「風評」という言葉で、放射能の影響は二の次になっています、学校給食では地元の食材を使用し、遠足には中通りの屋外施設に行くのです。反対の声をあげても「気にしすぎ」と言われるだけで何の対応もしてもらえません。

そんな中、少しでも放射線量の低い場所ですごしてもらえたらとふくしまキッズに申し込みました〔以下略〕

進士氏は、「キャンプに参加した子どもたちが目に見えて変化していく」と言います。そして「将来、胸を張って『福島県出身です』と言える子に育ってほしい」と筆者に語ってくれました。

一方、このような体験の場づくりとともに、福島第一原発事故によって引き起こされた地域住民の分断を契機に、「水俣病」による深刻な分断を経験した水俣市での子どもの研修も始まっています。

双葉郡に隣接しているいわき市は地震と津波による被災の混乱の中、3万人を超える原発避難者を受け入れました。このため地域コミュニティが混乱し、原発避難者と地元住民との間の分断を含め、さまざまな問題が生じています。このような中、ともに国策によって進められた企業活動によって引き起こされた公害（原発事故と水俣病）の類似性に気づき、さまざまな分断を乗り越え、今では、日本を代表する環境自治体となった水俣市での地域再生の経験を学ぶ「いわき中高生水俣研修」が2012年から始められています（特定非営利活動法人ザ・ピープル2014）。

この研修の目的は、いわき市在住の中高生を対象に、震災後の彼ら自身の体験をもとに研修に参加することで、彼ら自身がいわきの将来を担う主体であることへの自覚を醸成することです。学校での環境教育と人権教育、地域への誇りを取り戻す「地元学」を通した徹底した学びを通じた水俣市の地域再生は、筆者もESDとして高く評価しています（阿部2012）。

研修に参加したある高校生は次のような感想（一部を抜粋）を述べています。

水俣市では、間違った情報が流れたことによって人と人とが対立してしまうことがありました。このように、正しい情報は復興の上で必要なことだと改めて考えることができました。また復興するには、情報だけではなくつながりや助け合いが大切だということを学びました。私が住む地域では、避難してきた人たちは外からではうまくその地域に馴染んでいるように見えますが、実際には避難してきた人たちと元から住んでいる人たちは、表だけの付き合いしかしていないので、今自分達がしてほしいことやこうしたいと思っていることが言えない状態になっていると感じています。避難してきた人と元から住んでいる人との間に壁があるのは仕方がないというのではなく、壁ができない関係をつくるにはどうしたらいいのか考えていました。その時に、この研修に行き水俣市では、人と人をつなぐという意味でもやい直しというものを行ったということを聞いて、福島でも同じことができれば表だけの付き合いではなく、心からの付き合いができる人が増えるのではないかと思いました。

福島の子どもたちが置かれている状況は、確かに厳しいものがあります。しかし、本章で述べたようなさまざまな取り組みが着手されており、これらの取り組みを通して、子どもたちがエンパワーされています。これらの活動を支援し、活動が継続する仕組みづくりが求められています。

7　おわりに

東日本大震災以前から我が国においてもＥＳＤは展開されてきましたが、震災はそれまでのＥＳＤの実践に大きな影響を与えています。すなわち、東日本大震災は、「持続可能な社会」を本気でつくる意志があるかどうかを私たちに問いかけています。

震災は超高齢化や一次産業の衰退、エネルギー問題など我が国（ひいては世界）が抱えている問題を一気に顕在化させました。前述した3つの公正の具体化が絵空事ではなく現実化してきたのです。この動きにこたえるかのように次のような出来事も起きています。

大飯原発から２５０㎞圏内に居住する住民が原告となり、関西電力に対して行った大飯原発３、４号機運転差止め請求に関して、２０１４年5月21日に福井地方裁判所は、以下のような判決を下しました。

被告は本件原発の稼動が電力供給の安定性、コストの低減につながると主張するが、当裁判所は、極めて多数の人の生存そのものに関わる権利と電気代の高い低いの問題等とを並べて論じるような議論に加わったり、その議論の当否を判断すること自体、法的には許されないことであると考えている。このコストの問題に関連して国富の流出や喪失の議論があるが、たとえ本件原発の運転停止によって多額の貿易赤字が出るとしても、これを国富の流出や喪失というべきではなく、豊かな国土とそこに国民が根を下ろして生活していることが国富であり、これを取り戻すことができなくなることが国富の喪失であると当裁判所は考えている。

また、被告は、原子力発電所の稼動がＣＯ２排出削減に資するもので環境面で優れている旨主張するが、原子力発電所でひとたび深刻事故が起こった場合の環境汚染はすさまじいものであって、福島原発事故は我が国始まって以来最大の公害、環境汚染であることに照らすと、環境問題を原子力発電所の運転継続の根拠とすることは甚だしい筋違いである。[8]

先に持続可能な開発の３要素について述べましたが、福井地裁の判決は、国民の生活や安全を軽んじる経済優先の姿勢を否定し、第一原発事故を我が国始まって以来最大の公害と断じています。短期的な経済振興策に左右されることなく、持続可能な社会の形成者として大人たちが主体的に原発のあり方に意見を述べることが求められています。

福島第一原発事故は、エネルギーを大量消費するライフスタイルを維持しながら持続可能な社会をつくろうという甘い考えを根底から覆しました。原発の再稼働への反対がいまだ国民の過半数を超えていることからもわかるように、多くの人々がこの問題に気づき始めています。しかし、環境と経済とのジレンマ、あるいは環境と経済、社会とのトリレンマの中でどのように行動すべきか悩んでいます。このような人々に持続可能な未来を切り開く勇気や力、希望を与える、すなわちエンパワメントすることがＥＳＤに求められています。福島第一原発事故によってもたらされた分断や差別の影響、さらには健康への影響などは、これから表面化する問題です。原発事故を風化させることなく、ＥＳＤを通して世代を超えて伝えていくためには、原発事故に関する情報・教材・プログラムなどを蓄積・共有し、実践者が交流する仕組みが必要です。

【注】

（１）内閣府（http://www.cas.go.jp/jp/seisaku/kokuren/keikaku.pdf　最終閲覧日２０１５年３月１日）
（２）環境と開発に関する世界委員会著・大来佐武郎監訳（１９８７）『地球の未来を守るために』福武書店
（３）復興庁（http://www.reconstruction.go.jp/topics/main-cat1/sub-cat1-1　最終閲覧日２０１５年３月１日）
（４）文部科学省（http://www.e-stat.go.jp/SG1/estat/List.do?bid=000001055814&cycode=0　最終閲覧日２０１５年３月１日）
（５）PEP Kids Koriyama（http://pep-kids-koriyama.com　最終閲覧日２０１５年３月１日）
（６）PEP Kids Koriyama コンセプト（http://www.city.koriyama.fukushima.jp/222000/kosodate/concept.html　最終閲覧日２０１５年３月１日）
（７）CHANNEL SQUARE（http://www.fw-p.jp/index.html　最終閲覧日２０１５年３月１日）
（８）原子力情報資料室（http://www.cnic.jp/wp/wp-content/uploads/2014/05/8d7265da36628587548e25d7db234b7d.pdf　最終閲覧日２０１５年３月１日）

【参考文献】
池田香代子・マガジンハウス編（２００６）『世界がもし１００人の村だったら　４　子ども編』マガジンハウス
池田香代子・齋藤紀・清水修二（２０１３）『福島再生　その希望と可能性』かもがわ出版
大島堅一（２０１１）『原発のコスト――エネルギー転換への視点』岩波書店
レイチェル・カーソン（１９９６）『センス・オブ・ワンダー』新潮社
国民教育文化総合研究所（２０１３）『資料集　東日本大震災・原発災害と学校』明石書店
進士徹（２０１３）「ふくしまキッズ＝福幸キッズ」『人権のひろば』89、公益社団法人人権擁護協力会
武内敏英・福島県大熊町教育委員会編著（２０１２）『大熊町学校再生への挑戦　学び合う教育がつなぐ人と地域』かもがわ出版
日本学校教育学会「東日本大震災と学校教育」調査研究プロジェクト編（２０１２）『東日本大震災と学校教育　震災は学校をどのように変えるのか』かもがわ出版
リチャード・ルーブ（２００６）『あなたの子どもには自然が足りない』早川書房
和井田節子（２０１２）「震災という学校危機への対応」日本学校教育学会「東日本大震災と学校教育」調査研究プロジェクト編『東日本大震災と学校教育　震災は学校をどのように変えるのか』かもがわ出版
「国連持続可能な開発のための教育の10年」関係省庁連絡会議（２０１４）『国連持続可能な開発のための教育の10年（２００５~２０１４年）ジャパンレポート』「国連持続可能な開発のための教育の10年」関係省庁連絡会議
阿部治（２０１４）「これからの持続可能な社会の在り方と学校教育」中等教育資料63（３）
阿部治（２０１２）「日本のＥＳＤ」阿部治・田中治彦編『アジア・太平洋地域のＥＳＤ〈持続可能な開発のための教育〉の新展開』明石書店
特定非営利活動法人ザ・ピープル（２０１４）『いわき中高生水俣研修２０１４　水俣に学び、いわきの未来を創るプロジェクト報告書・感想文集』特定非営利活動法人ザ・ピープル

第1部

福島での授業・取り組み

第1章　福島第一原発事故とその後の教育

――福島県教職員組合の取り組みと学校教育

三浦俊彦

1　はじめに

教師として、東日本大震災とそれにともなう福島第一原子力発電所事故にどう向き合うべきかを思い悩む中で、やはり子どもたちのことを最優先に考えねばならないと感じていました。福島には、避難したくてもできない子どもや保護者が数多く生活しており、そうした子どもたちのために、何ができるのか。県内の教師は等しく同じ思いを抱き、福島の現状や放射線の実態を伝えるためにさまざまな教育の実践を行ってきました。本章では、その一環として、福島県教職員組合の取り組みや筆者自身が行った授業内容を紹介し、原発事故後の学校教育について考えたいと思います。

2　福島県教職員組合による放射線教育

福島県内の「放射線教育」をめぐる現状は、「原子力＝核」利用「保守」勢力の行政を通した「安心」喧伝と、汚染地域に生活を強いられる県民の「日常どおり」を求める意識とが相俟って、放射線による人体への影響を子どもたちと考える教育実践が困難な状況にあります。福島県教職員組合の組織内機関として2011年11月に発足した放射線教育対策委員会（以下、対策委員会）の議論でも、放射線に対する認識の教職員間での相違、保護者・地域の中での相違に起因する「分析」により、直接的に放射線や原子力利用の危険性を授業実践の題材にすることは困難な状況にあるという現状が報告されていました。まさに、福島独自の放射線教育が求められていたのです。

対策委員会では、2011年12月に『「放射線教育」に関する県教組見解』の原案を作成し、翌年4月5日には機関紙『福島県教育新聞』に「福島第一原発に起因する放射能被害に苦しむ福島県の放射線教育のあり方について（提言）」を発表しました。ここでは、現場に向けた教育内容の4つの柱を提案しています。

（1）放射能・放射線の性質を理解し、その危険性と環境破壊を知るためのとりくみ
（2）被ばくを少なくし、健康と生命を守るためのとりくみ
（3）制約された人権を回復し、差別を克服するためのとりくみ
（4）「原子力＝核」利用の現状を知り、「原子力＝核」利用に依存する社会構造を見つめ直すとりくみ

「原子力＝核」利用は、差別構造によって成立するものであり、人権の侵害に他なりません。私たちは、右の4つの提言を広めるための議論と検討を重ね、市民グループの方々や科学技術問題研究会と協力して『子どもたちのいのちと未来のために学ぼう　放射能の危険と人権』（明石書店、

２０１２年７月）を刊行しました。福島県内の社会的状況・学校・教職員の状況分析に基づき、放射線教育にとって、何が必要かを提案したものです。とくに、対策委員会が執筆を担当した、第１章「『フクシマ』の『事実』を『事実』として、どう『学び』に活かせるか」では、４つの提言を基盤とする「生きるための学び」について述べています。これは、福島で生活を送る子どもたちの健康と命を守るための「学び」です。学校教育の中で「生きるための学び」を位置づけ、展開していくためには、総合的な学習の中で「総合学習」として、あるいは特別活動や道徳教育の中で実践されることが求められます。

さらに、２０１２年10月12日の『福島県教育新聞』の「号外」として県内の教職員のための職場討議資料『生きるための学び』を発行し、前掲の『子どもたちのいのちと未来のために学ぼう　放射能の危険と人権』の第１章で提案した「生きるための学び」の背景と具体的内容を掲げました。被曝の低減化に関しては、福島県教育委員会が２０１２年度に作成した『放射線等に関する指導要領　第２版』にも取り上げられ、学級活動などで実践することへの軋轢は軽減されていますが、文部科学省準拠の「安全」を基調としたものであり、納得のいくものとはなっていません。『生きるための学び』では、そのような状況下で、可能な限り、教職員が学校教育の中で、放射能汚染の現状を子どもたちと一緒に考えていくための資料が提案されています。とくに福島第一原発事故に起因する放射能汚染に関して、「公害」という視点から被害者の生きざまを学んでいくことは、子どもたちの生き方に大きく関わるものと思われます。

原子力利用を「エネルギー問題」に矮小化することなく、使用済み核燃料の問題や、福島第一原発だけではなく国内に50基以上ある原子炉を、誰がどうやって処理していくのかという問題、原発労働者をはじめとする被曝労働の現状、放射能拡散によって避難生活を強いられてきた双葉地区や飯舘村・川俣町の人々の苦しみを伝え、考えていく取り組みが、子どもたちにとって切実な問題であると考えます。

また、総合学習や社会科での授業実践としてだけではなく、日常的に学校生活全般の中で、タイムリーに子どもたちと考えていくことも「生きるための学び」の効果的な取り組みです。

3　県内の小学校での授業実践の一事例

福島県内の小・中学校では、２０１２年度から、各学年で年間2時間以上の放射線に関する学習が義務づけられています（主に学級活動の時間で実施）。福島市教育委員会は、次のような内容を指導するように示しています。

小学校1年生　放射線をたくさん浴びると病気になってしまうこと
小学校2年生　学校内に放射線量が高い場所と低い場所があること。屋外で放射性物質を体内に取り込まないように気を付けること
小学校3年生　放射線と放射能、放射性物質の違いと、身を守る方法
　相手を意識しながら、気持ちのよい言葉を掛け合い、協力しあって生活すること
小学校4年生　放射線は人から人にはうつらないこと。放射性物質が大量に放出された場合の行動の仕方

小学校5年生　外部被曝、内部被曝をしないために日常生活で気をつけること
小学校6年生　放射線がものを通り抜ける性質。放射線の単位と測り方
　　　　　　　除染の取り組みが行われていること
中学校1年生　放射線の人体への影響。受ける放射線量の計算式
中学校2年生　身の回りや自然界の放射線。放射線と放射能、放射性物質の違い
　　　　　　　放射線の人体への影響
中学校3年生　外部被曝と内部被曝の影響と将来にわたって健康な生活を送るための生活の仕方
　　　　　　　原子力発電所事故による放射性物質の広がり。これからも福島市で生きていくために気をつけなければならないこと
　　　　　　　自らの心の健康状態の把握及びストレスへの対処と自己管理
　　　　　　　（理科）放射線の種類と性質。自然界にも存在すること。透過力をもち、医療や製造業などで利用されていること

なお、資料として、文部科学省の放射線等に関する副読本、福島県教育委員会の放射線教育等に関する指導資料、福島県災害本部発行パンフレット等を適宜使用しますが、網羅的に教え込むのではなく、生徒が自ら考える授業を求めています。

（1）小学校2年生の場合──題材について

ここでは、筆者が2012年10月30日に実施した、小学校2年生の授業を紹介します。テーマは

「放射線量の高い場所や生活上の注意点を資料で調べることにより、被ばく防護の意識を高める授業」で、題材名は「ほうしゃせんからみをまもろう」です。学校の中には放射線量の高い場所と低い場所があることを知り、生徒が安全に生活できるようにすることをねらいとしたものです。

筆者が勤務する小学校の校庭をはじめとする敷地内は、2011年夏、業者による除染を行いました。常設モニター計による空間線量は2012年当時、0・13μSv前後でした。校舎内は、原発事故後から除染が済むまで極力窓を開けずにいたため、当初から0・04〜0・05μSvと平常並みの数値でしたが、地域内で大がかりな除染は行われておらず、屋根や雨どい、道路や側溝、森林、河川など、放射線量が高く、近づかないほうがよい場所は多くありました。

子どもたちは家庭・学校で被曝対策の注意を受け、危険性について認識はしています。しかし、学校の敷地及び校舎の除染後、放射線量の高い区域に張られたロープも解除され、校庭使用も再開して学校生活を送る中、少しずつ危険性への意識が薄らいでいく様子が見られました。また、保護者が（内部）被曝を心配し、給食をとらずに弁当を持参した生徒が1名、水泳の授業を受けなかった生徒が3名いました（男子15名、女子10名中）。一方で「放射線のことはもう気にするな」と言われていた生徒もいました。

なお、教室は廊下の北側で一切日光が差し込まないため、生徒の心身の発達を考慮して、筆者の学級では、天気がいい日の休み時間はなるべく外で遊ぶように指導し、全員外には出ていました。

そうした状況を踏まえて、授業では屋外の放射性物質が集まりやすい場所や、除染後で比較的安心な校地内でも、放射線量が相対的に高い場所や低い場所があることを知り、さらに今後再び放射線漏れ事故などが起きたときの対処法を知ることで、放射線を浴びる量をできるだけ軽減する生活を自ら実践できるような教育が望まれると考えたのです。

(2) 小学校2年生の場合——授業の実際

学習にあたって、県災害対策本部発行の小学生向けパンフレットを資料として使用しました。まずは放射線の特徴を知るために、パンフレットの絵、校地内の線量が高い場所やモニタリングポストの写真、簡易線量計などを見せることで問題意識を持たせるとともに、わかりやすく学ぶことをめざしました。

実際に放射能汚染地域となった福島県では、放射線量が高い場所を知ることは必須です。授業の前半は、パンフレットを用いて放射線量の比較的高い場所を調べて発表させました。資料にない場所については、教師側で補足して、写真で提示しました(後に実際にその場所を確認させました)。除染されているため、校地内は放射線量が低いことを伝え、とくに線量の高い場所に「立入禁止」などの措置がとられていることを確認しながら、授業を進めていきます。一般的に放射線量が高いと言われていた、水たまり、側溝、草むら、木の下などは、家庭や学校でも注意されていたので知っていたようですが、コンクリートの黒ずみ、木製のベンチ、落ち葉、川や池といった場所は気づきにくく、生徒からは「自分はそこで遊んでいた」といった声が聞こえました。

そうした場所に共通することを考えさせた結果、放射線が集まりやすい場所として、①水が集まるところ、②草や木がたくさん生えているところ、③まだ交換していない土や泥があるところ、といったキーワードを導くことができました。学校や自宅以外の場所で、被曝の防護について自ら注意して生活するためにも、一般化することは重要です。

授業の実践で最も肝心な点として、小数はもちろん、倍数も学習していない小学校2年生に、目に見えず、においもしない放射線量をどう意識させるのかという問題がありました。放射線の単位などは、さらに難解です。低線量被曝の影響は確率的に発生し、被害は後にしか現れないのであれば、被曝対策を教えても放射線量を自身で意識しない限り、教師や親に言われたからという受身の行動になってしまします。

そこで授業の後半では、視覚に訴えるために100マスの罫線を利用しました。教室内の放射線量を「1」として、1マス赤く塗った場合、除染前に放射線量が高かった体育館屋根からの雨どい下側溝がどれくらいかと予想させました（実際の数値は言いませんが、教室は0・04μSv、側溝は10μSv超。使用した線量計では振り切ってしまい計測不能）。「100」や「1000」という生徒もわずかにいましたが、多くは「10」～「50」と予想しました。「実はね」と言って、100マス全部を赤く塗った紙を見せると、生徒たちは驚きます。正解は「300」ですから、「これでも足りません」と言って2枚目を出すと、さらに驚きます。「ところが、まだ足りません」と3枚目を出すと、「えぇー！　うそー！　そんなに！」という状況でした。

これらの問題について生徒同士で話し合い、授業を通じてわかったこと、以後の生活の中で注意したいことを全員に発表してもらいました。生徒たちの答えの例は、以下のとおりです。

・雨どいや側溝のそばには近づかない。

・草むらや泥のあるところでは遊ばない。
・川でザリガニをとらない。
・放射線の高いところで遊んでいる人を見かけたら注意する。
・帰り道に落ち葉を蹴らない。外で遊んだら、手洗いとうがいをする。
・服などについた泥を落としてから家に入る。
・風が強いときには窓を閉めて放射線が入ってこないようにしたい。

当初のねらい通りの学習成果が得られたと思います。

(3) 小学校5年生の場合

もう1つ、小学校高学年の授業での実践を紹介しましょう。5年生に対して行ったものです。

ここでは、放射線の単位量(Sv)を学習しました。μSv・mSv・Svの関係が、それぞれ1000倍にあたることを、重さ(g・kg・t)や長さ(cm・m・km)の関係をもとに、それぞれ図示して比較し、説明しました。そのうえで、被曝量と人体への影響を示すグラフを示し、100mSvでがんによる死亡率が0.5%増えること、10Svで全員死んでしまうことを教えます。さらに、教室の放射線量は日本全国、福島と同程度で、100年間それを浴びると約5mSvとなること、校庭は約3倍の0.17μSvであること(校庭に置かれたモニタリングポストの数値)などを押さえ、これから生活するうえで、現在の状況をどう考えるかについて意見の交換を行いました。

この場合、正解はありません。除染されたとはいえ、汚染地域では放射線に対して自分とは違う考えの人がいることの理解が、むしろ重要です。私自身は、不安に思っている生徒には心配しないでいいと思ってもらいたい、慣れてしまっている生徒にはもう一度注意を促したいという、相反する心情を抱えていますが、重点は前者にあります。意見はさまざまで、事前アンケートで「心配」と答えた生徒が、やや「安心」に振れたことは事実です。それでも、校庭は3倍だから心配という生徒もいました。時間が足りず、それ以上に深められませんでしたが、こうしたところに時間をかけることで、生徒の理解と自覚を促すことができると思います。

次に、線量計を全員に配布し、教室の自席の空間線量を測定させました（若干の差は機械の誤差や場所による違いで無視してよいと伝えます）。家に帰ってから、さまざまな場所を測定して記録用紙に記入し、感想を書いて提出することを宿題としました。感想を読むと、場所によって線量が違うこと、高い場所がわかったことなどが記されていました。放射線は、目に見えないが測定はできること、線量が高めの場所を知っておくことが大事であるということは実感できたと思われます。

子どもたちは、ほぼ事故前と同じような生活を送っており、放射線に対する注意が薄れかかっていましたが、授業を通して、改めて気をつけねばならないという意識を喚起できたのではないでしょうか。低学年の生徒に対しては、比較放射線量を色を塗って示したことなど、見えない放射線を可視化することが、理解の助けとして効果的であったと思います。その後、注意を心がけているかの自己評価をさせていますが、生徒たちは気をつけて生活を送るようになったようです。

4　おわりに

筆者の居住している福島市は、原発周辺の強制避難区域ではありません。しかし、空間線量は自宅の庭で０・５μSv、平常時の10倍です。家の中でも０・３μSv。子どもたちも、除染されていない場所にやむを得ず毎日通う状況でした。地域の中で最も放射線量が低いのは、除染が済んだ学校です。福島を離れられない以上、避けられない放射線被曝をいかに低減化していくかを考えなければなりません。現在の子どもたちはもとより、将来の世代にまで禍根を残してしまった大人たちの責任は重いものです。放射性廃棄物に至っては数万年、数十万年の管理が必要になります。今後の環境教育、総合学習教科などにおいて、どのように授業を組み立てていくのか。地域の環境、エネルギー問題、原発の是非といった社会問題も考え続けることが大切ですし、人権に関わる学習も必要でしょう。さまざまな問題に対する真摯な取り組みが求められています。そのとき、現場教員の努力だけでは困難も多いのが現状です。行政、文部科学省、そして現場が一体となって、子どもたちの社会的資質の向上をめざすことが必要ではないかと思います。

前掲の『子どもたちのいのちと未来のために学ぼう　放射能の危険と人権』で述べているように「『生きるための学び』は、『自分たちの人権に関する学び』と言い換えてもいい」ものです。こうした「学び」を、子どもたちとともに推進していくこと。それこそが、福島の子どもたちがこれからの世界でよりよく生きていくことにつながるのだと信じています。

第2章　放射線教育とどのように向き合うか

――福島県での授業の実際

坂内智之

1　はじめに

東日本大震災とそれにともなう福島第一原子力発電所（以下、福島第一原発）の事故による放射性物質の汚染から約4年が経過しました。現在福島県内では、比較的冷静に情報を受け止めることができるようになってきたものの、事故からこれまでの4年間の中で、子どもを含め多くの人々が不安や恐怖、そして混乱する情報の中にさらされてきました。

もちろんのこと、それは学校現場でも同様でした。私たち教師も今回の事故に対してどのように対処すればよいのか不安と戸惑いの中にいました。こうした事故の前例は情報のごく限られたチェルノブイリの事故にしかなく、事故当時、我々の持っている知識は大変少ないものでした。

また、放射性物質に著しく汚染された地域では住民避難にともない、学校そのものの存続も危ぶまれました。子どもたちは行き場のない避難生活を続けることになり、多くの子どもたちが県外へと去りました。私の勤務する郡山市でも子どもの1割近くが県外に転出し、今もその多くは戻りません。4年が経ち、ようやく私たち教師も落ち着きを取り戻したところですが、我々に突きつけられた「放射線教育」という課題はあまりに大きなものと言えます。

本章では放射線教育についてどのような実践を行っているのか、福島県の現状と子どもたちとの放射線教育の可能性と未来についてお伝えしたいと思います。

2　放射性物質が降ってきた

東日本大震災が発生した翌12日。今度は原子力発電所の事故の報道が始まりました。その時にはまだそんなに大きな事故に発展するとは夢にも思いませんでした。しかし、残念ながら時間を追うごとに福島第一原発の状況は悪化し、ついには1号機で爆発事故が起こりました。

その後、福島第一原発では、誰もが知るように4つの炉すべてで爆発が起こり、放射性物質の拡散が始まりました。そして、忘れもしない3月15日。郡山市では低気圧の影響でみぞれまじりの雨が降っていました。その日も断水によって水を求める行列やガソリンを求めて車が長い渋滞を起こしていました。

その日の午後から郡山市では放射線が急速に上がり始めます。当時の地上付近の公式データはないのですが、逆算すると郡山市内では毎時20～30μSvほどの放射線があったことがわかっています。みぞれが降っていたのでそれに絡め取られるように空気中の放射性物質が落ち、地面や建物に吸着されてしまったのです。郡山市もこうして放射性物質の汚染が広がりました。

これっていつまでやるの？

これはまだ分からない。これいじょう「げんしりょくはつでんしょ」がこわれなければ、どんどん「ほうしゃせん」はへっていく。でも、もっとこわれることも考えられるからね。まずは5月まではやくそくをまもろう。

もっと外で運動したり、あそんだりしたいよ。

そうだね。その時にはお父さんやお母さんにたのんで、「ほうしゃせん」の少ないところにつれていってもらおう。ともだちといっしょにあそべないのはつまらないけれど、かぞくみんなであそぶこともたのしいよ。そして、とてもいいきかいだから、学校ではたくさん本を読んだり、お勉強したりしよう。ほうしゃせんが少なくなったらみんなで楽しく外であそぼう。それまではどうやったら学校が楽しくなるかみんなで考えてみて。

自分のいのちをまもるのは自分です。
「ほうしゃせん」について勉強したことを、
お父さん、お母さんとも話をしてみてくださいね。
みんなで考えてみんなのいのちをまもりましょう

4

みんなで防《ふせ》ごうほうしゃせん

「福島第一原子力発電所」がじしんとつなみでこわれてしまいました。
テレビではまい日、「ほうしゃせん」とか「ほうしゃせいぶっしつ」とか言ってるけど、
みんなとどんなかんけいがあるのかな？
じぶんのいのちをまもるために、ほうしゃせんのことをみんなで勉強してみよう。

「ほうしゃせん」ってなあに？

「ほうしゃせん」は光のようなものなんだ。でも光とちがうのは目に見えないことなんだ。そして、その光はからだの中をつきぬけちゃうこともあるんだ。みんながおいしゃさんに行った時に、「レントゲン」をとったことがあるかな？とったことのある人は、自分のからだの中がしゃしんにうつっていたよね。あれは「ほうしゃせん」の光が体の中をとおって中のようすをあらわしたものなんだよ。「ほうしゃせん」はうちゅうからもふってきたり、じめんからも出てきたりするもんなんだ。でもふつうはとってもすくないから安心なんだよ。

「ほうしゃせいぶっしつ」ってなあに？

「ほうしゃせいぶっしつ」とは、「ほうしゃせん」をだす「つぶ」のようなもの。とても小さくて目には見えないんだ。そこから「ほうしゃせん」が出てくるんだよ。でも、ふつうはみんなのまわりにはないものなんだ。

1

『みんなで防ごうほうしゃせん』の内容

3　『みんなで防ごうほうしゃせん』

3月下旬。郡山市の複合コンベンション施設「ビッグパレットふくしま」は原発付近の市町村から避難してきた約2000人もの人であふれかえっていました。避難してきた子どもたちの学習ボランティアを終えた私は、子どもたちの健康のことが心配でした。同時に自分の持つ放射線や放射性物質の知識を子どもたちにわかりやすく伝える方法はないか考えていました。

小学生には絵で伝えたほうがわかりやすいと考えた私は、ツイッターで自分のテキストにイラストを載せてくれる人を探しました。岐阜のイラストレーターの柚木ミサトさんが手を挙げてくださり、約1週間でテキスト『みんなで防ごうほうしゃせん』は完成しました（上図）。そのテキストはインターネット上で誰でもダウンロードして自由に使えるようにしました。本校

でもすべての児童にこのテキストを配布し、保護者の放射線の理解を深めるためや放射線防護のために使われました。このテキストのおかげで本校では保護者の混乱は比較的少なかったと言えます。このテキストは評判を呼び、県内外のさまざまな学校、自治体単位で配布されました。この一連の動きが、拙著『放射線になんか、まけないぞ！』(太郎次郎社エディタス）の出版につながりました。

こうした取り組みと同時に学級の子どもたちと手探りの放射線教育も始まりました。初めはかなり難しい授業だと考えていたのですが、実は簡単でした。

子どもたちは、言葉とイラストを手がかりに、友達と学び合いながら知識を広げ、深めていったのです。当時子どもたちは小学4年生でしたが、最終的には放射線による遺伝子の損傷とその修復の仕組みについても理解していきました。また差別の問題や、それをこれからどうしていくべきなのか、子どもの視点で話し合い、自分の道を切り開き始めたのです。

では私と子どもたちがどのように放射線教育と向き合い、そして実践してきたかをいくつか具体的な授業内容を紹介していきたいと思います。

4　放射線・放射性物質って何だろう？

放射線について子どもたちが最初に学ばなければならないのは正確な言葉でした。私たちは昔から放射線・放射性物質、そして放射能という区別なく、すべて「放射能」という言葉を用いてきました。我々が普段使っている「放射能」とは「放射線」のことで、粒子や波長（エネルギー）のことを表します。また、放射線を出す物質を「放射性物質」と呼びます。さらに放射線にはγ線をはじめ、α線やβ線という区別もあります。そして「放射能」とは放射性物質が放射線を出す能力のことを表します。

放射線について学ぶ際には、子どもたちでもこうした言葉の違いから学んでいく必要があります。このように書くと、「こんなに高度な言葉の羅列なのに子どもは理解できるのか」と思われるかもしれませんが、子どもはあっという間にこうした言葉を吸収して使いこなしていきます。

教「みんな放射線ってどんなものか知っているかな。」

子「どく。」

子「たくさん浴びると死んじゃう。」

子「原発の事故でたくさん出てきたんだよ。」

教「どんなものか説明できるかな。」

子「う〜ん。」

子「光みたいなもの。」

子「目には見えない。」

教「では、もっとくわしくなるためにこの本（『放射線になんか、まけないぞ!』）の第1章の『放射線のことをもっと知ろう』をみんなで読み合って、わかったことを友達と話し合って書き出してごらん。」

子どもたちのつぶやきを拾っていくと、

子「昔からずっと放射線ってあったんだね。」
子「宇宙からも出てくるんだって。」
子「放射線は放射性物質から出てくるんだね。いろんな種類があるみたい。」
教「みんな放射線に種類があるって知っているかな。」
子「α線・β線・γ線って３つの種類がある。」
子「α線って紙も通さないんだね。」
子「β線はアルミニウムみたいな金属を通さないんだって。」
子「γ線はすごいよ。体を通り抜けてコンクリートじゃないと止まらないんだって。」
私の授業ではよくホワイトボードを活用しています。テキストに書いてあることをもう一度書き出したり大事な内容をテキストから抜き出したりすることで、友達と考えを確かめ合い、内容を理解していくことができるのです。
　私のような放射線の知識をたくさん持った教師がいるから子どもたちがしっかりと学べるのではありません。私が子どもたちにかけた言葉は、前のページに載せたようなごく簡単な問いかけでしかありません。わかりやすいテキストさえあれば、子どもたちは自ら学び、新しい知識を貪欲に吸収していくのです。
教「今日はどんなことがわかったかな。」
子「放射線はαとβとγの３種類があるよ。」
子「放射線は宇宙からも降ってくるんだ。」

子「α線は紙も通さないんだってさ。」
子「放射線って放射性物質から出てくるんだよ。」
子「放射線って目に見えない光みたいなもの。」
教「今日はみんな放射線について詳しくなれたかな。」
子「はい。すごくくわしくなった。」
子「お母さんに教えてあげたい。」
子「すごくたくさんのことがわかった。」
教「では、わかったことをレポート用紙にまとめていきましょう。」
子どもたちとの最初の放射線教育はこのように始まりました。

5　外部被曝と内部被曝

福島県で生きる子どもたちにとって、被曝量を減らすためにも、「内部被曝」「外部被曝」の学習は放射線教育の中でも最も大切であるとも言えます。この専門的な知識を子どもたちはどのように捉えて、理解していったのかを実際の授業での会話を通して紹介していきたいと思います。

教「今日は外部被曝と内部被曝について学んでいくよ。外部被曝や内部被曝って言葉を聞いたことがある人はいますか。」
子「知らない。」
子「知っているよ。テレビで言ってた。」

子「この前受けた検査（ホールボディカウンター）って内部被曝を調べたんだよね。」
教「知っている人も、よく知らない人もいるね。では、今日は本の『外部被ばくと内部被ばくって？』のページを開いてその違いを読み取っていこう。」
（グループの子どもたちが一緒に本を読み始め、わかったことを話し始める）
子「（ホワイトボードに絵をかきながら）外皮被曝って外にあるつぶつぶから出てくる放射線がこうやって体の中を通るんだよ。」
子「内部被曝は？」
子「内部被曝は体の中のつぶから放射線が出てきて体の中から放射線が出てくるんだよ。」
子「外からが外部被曝で、中からが内部被曝なの？」
子「そうそう、外部はそとでしょ、そして内部はうちでしょ。」
子「そっか、わかった。」
子「外部被曝はね。放射線の高いところに行くとあぶないんだよ。」
このように、外部被曝や内部被曝といった難しい専門用語でも、子どもたちが学び合い、お互いの知識を補完し合うことで理解はよりいっそう深まっていきます。
教「ではこれまでわかったことを教えて。」
子「外部被曝は外から放射線が来て、体を通ることで、内部被曝は体の中から放射線が出てきて体を通ること。」
教「そうだね。よくわかったね。でも内部被曝ってどうして体の中から放射線が出てくるの？」

子「う〜ん。どうしてかな。」
子「それはね。食べ物で入ってくるんだと思うよ。」
教「食べ物が関係するってこと？」
子「うん。」
教「では、内部被曝がどうして起こるのか説明できるように友達と学び合ってみて。」
（子どもたちが集まって話し合う）
子「内部被曝はどうして起こるのか教えて。」
子「えっとね。食べ物に放射性物質が入っているでしょ。それをね、食べちゃうと体の中に入って中から放射線が出てくるんだよ。」
子「あっそうか。だから食べ物が関係しているんだね。」
教「内部被曝がどうして起こるのかわかりましたか。」
子「食べ物から体の中に入ってしまうから。」
子「放射性物質がたくさん入っているといっぱい放射線が出てくるね。」
教「では最後に。この外部被曝と内部被曝を防ぐためにはどうすればいいのか考えてみて。」
（子どもたちが話し合う）
子「外部被曝はさ、離れればいいんだよ。」
子「家の中とか校舎の中は大丈夫なんだよね。」
子「高いところに近づかなければいいんじゃないかな。」

子「内部被曝は、放射性物質が入っていない食べ物を食べればいいんだよ。」
子「どんなものに入っているの？」
子「キノコはダメだって聞いたことがある。」
子「放射性物質が入っているものは食べたくないなあ。」
教「ではわかったことをレポートにまとめてみてください。」
子どもたちは理解したことを図や言葉でレポートにまとめていきます。また、子どもたちには、世界中のどんな食べ物にもカリウム40という放射性物質が入っており、ごく微量の放射性セシウムだったら食べ物の中に入っていても大きな問題は起こらないことを伝えて授業を終了しました。

6　放射線を浴びるとどうなるのか？

「放射線を浴びるとどうなるのか？」これは子どもたちだけではなく、大人にとっても関心が高く、そしてとてもわかりにくいことでもあります。大人は、大量の放射線を浴びると「がん」など大きな障害が起こることを知っています。

しかし同時に、私たちは日常的に検査や治療などでも放射線を浴びています。頭部の強い打撲が疑われれＣＴ検査を受ければ、その子どもは数㎜Svという大量の放射線を浴びることにもなります。検査による一時的な放射線と原発事故による放射線を比較し、評価することはとても難しいことですが、子どもたちや保護者が最も不安になる内容です。

教「みんなは放射線をたくさん浴びるとどうなるか知っている？」

子「『がん』になるんだよね。」

子「今は大丈夫かもしれないけど、大人になって『がん』になって死んでしまう。」

このように、子どもたちの知識の中にも、実は大人と同じように放射線の危険性についての知識が存在することがわかります。しかし、これらの知識が子どもたちの生活や行動と関連しているかというと実はそうでもありません。

教「では、みんなは大丈夫かな？」

子「たぶん、大丈夫。」

子「放射線の影響はあまりないと思う。」

子「自分は『がん』にはならないと思う。」

子「今は大丈夫だと思うけど、大人になったときに心配。」

教「では君たちが大丈夫だという証拠はいったいどこにあるのかな。」

この一言で子どもたちは困惑します。テレビなどで報道されていることや、一家族の「大丈夫」という言葉には確かな根拠がないことに気がつきます。実際に、今回の原発事故による子どもの低線量長期被曝についての健康評価で確かなものはありません。高線量被曝（数百㎜Sv〜数十Sv）や低線量被曝の影響は動物実験をモデルにしているだけで、実際のこれだけの規模での被曝はチェルノブイリの原発事故しか例がありません。しかし、当時の正確なデータは限られており、推測して判断するしかないのです。

私は子どもが大丈夫だと判断するには、数字を基にした客観的なデータで判断できる力を身につけていく必要があると考えています。なぜ「がん」が発生するのか、そして、それを防御し、制御する体の仕組みについても、とても高度な内容ですが、子どもたちがこれらを学び、知識として身につけていくことが大切なのです。こうしたことを踏まえて、私たちの放射線教育は進んでいきます。

子「放射線ってどれくらい浴びると『がん』になるの？」
教「資料にはどう書いてあるかな。」
子「１００㎜Svから『がん』になるって書いてあるよ。」
教「うん、そう書いてあるね。でもそれは大人の数字だね。君たちは子どもだからどれくらいから危険だって考える？」
子「僕は半分の50くらいかな。」
子「私は10くらいじゃないと安心できない。」
教「君たちはどれくらい浴びたのかな。知っている？」
子「私知っている。バッジ（市から希望者に配布されている線量を計測するバッジ）の数字が年間で０・８㎜Svだって書いてあった。」
教「そうだね。でも事故のすぐ後はもう少し高いかな。避難しないで郡山にいた場合は1年間で２㎜Svくらいは浴びたかもしれないね。どう思う？」
子「うーん……。」
教「算数の棒グラフを使って比べてみたらいいんじゃないかな。」
子「グラフを書いてみました。２㎜Svでも、１００㎜Svと比べてすごく小さいから、きっと大丈

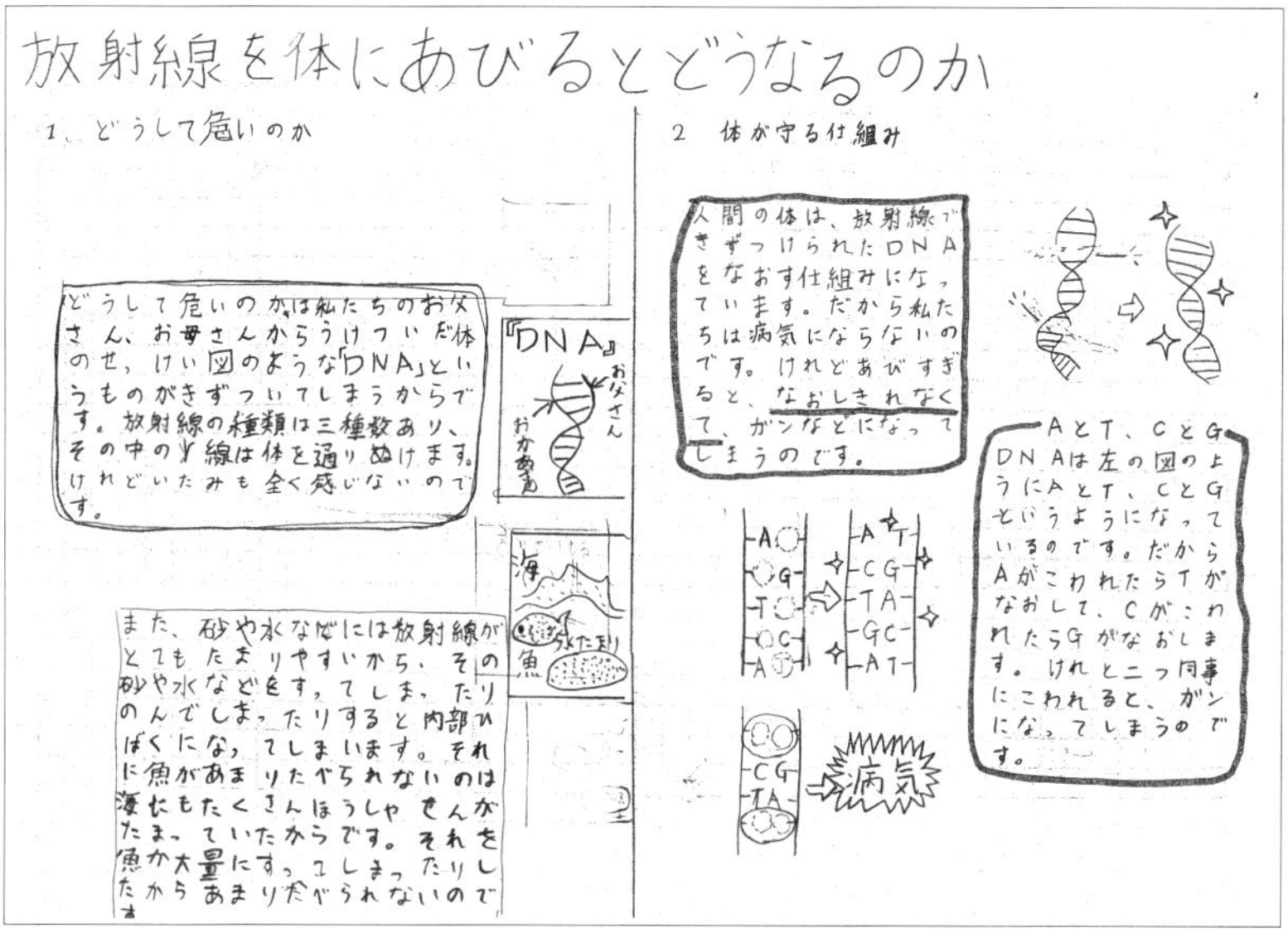

『放射線をあびるとどうなるのか』授業の子どものまとめより

夫だと思う。」

このように、数字だけが一人歩きするのでなく、子どもの目線で数字を比べ、考えていくことが、放射線教育の最も大切なことなのです。「自分の考えに根拠を持つ」。これが子どもたちなりの論理を形づくります。またなぜ「がん」になるのかも、子どもたちは本を読みながら理解を深めていきます。

教「どうして『がん』になるかわかった？」
子「DNAが傷ついて『がん』になっちゃう。」
教「DNAって何？」
子「体の設計図みたいなもの。」
教「じゃあ、くさりの2本ともこわれちゃうとみんな『がん』になっちゃうの？」
子「いや、それは違うと思うよ。」
子「それですぐに『がん』になったりはしないと思う。」
子「あ、それ、俺調べたよ。リンパ球なんかが『がん』を食べちゃったりするんだって。」
教「どういうこと?」
子「人の体って、『がん』になってもそれを防ぐ仕組みがあって、だからすぐに『がん』になったりはしないんです。」
私のクラスは特別に頭の良い子どもが揃っているわけではありません。しかし、子どもの問いに沿って授業を進めていくと、子どもの知識や思考はこのように広がり深まっていくのです。

7 放射線を測定しよう

大人もそうですが、放射線被曝について考えるうえで最も大事なことは「実際に測定する」ということです。身の回りの放射線を測定することで、放射線の理解や周りの環境についての理解が深まるのです。実際に測定してみることは子どもにとっても大きな意味があることなのです。

しかし、保護者の中には、あえて放射線を測定するという活動に、心配される方もいます。そこで子どもたちの放射線測定に際し、通学路を中心に測定すること、子どもの安全のために、保護者や地域の方々の協力を得て行うことになりました。本校の4年生は50名ほどいますので、10班編制で各班約50mごとに40ポイント、合計400ポイントの放射線を測定する計画を立てました。この測定で子どもたちにも本校のおおよその放射線の状況や偏りが見えてくると考えました。

測定にあたり、地域の防災会の方々が、地面から50㎝で測定できる手製のケース、交通安全の三角コーン、そして放射線測定器の「はかるくん(シンチレーション式)」を手配してくださいました。

子どもたちは、50mを何歩で歩けるか何度か歩数を確かめて、できるだけ等間隔で測定できるようにしました。学校からスタートした子どもたちはそれぞれ通学路を基本とした決められたルートを歩き、測定していきます。測定に用いた「はかるくん」は比較的感度が高い測定器なので、各測定ポイントで30秒ほど停止して（感度の低いタイプだと数値が安定するまで数分かかることがあります）調べます。

このようにして子どもたちはそれぞれのルートを測定してきました。測定した値は子どもたちがわかりやすいように、色をつけて可視化しました。毎時0～0・3μSvを緑に、0・3～0・5μSvを黄色に、0・5μSv以上を赤色に塗り分けて、地図上にシールでマッピングしていきました。なぜ放射線の低い場所や高い場所があるのか、そして放射線の高い場所はなぜ高いのか、その理由を明らかにしていくことこそが、この地図を作成した本当の理由です。

教「この地図を見て、どんなところで放射線が高いと言えますか？」

子「逢瀬川の堤防の場所。」

子「国道4号線のところ。」

子「ここはどうして（放射線の数値が）高いのかな？」

教「周りの友達と一緒に考えてみてください。」

子「川ってどうして高いの？」

子「川は水が流れてくるでしょ。だから放射性物質が流れてきて高いんじゃないかな。」

子「この道路はどうして高いのかな。」

教「他の道路はどうかな。」

子「他の道路は低いけど、ここの道路だけ高いね。」

教「ここの道路は震災前にできたばかりだったよね。雨の水が染みこむ新しい道路だったよ。」

子「あっ、わかった。雨の水が道路に染みこんだからきっと高いんだよ。」

子「ここが1つだけ高いのはどうしてなのかわからないな。」

教「ここってどんな場所だったの？」

子「ここは坂道だったところでした。」

子「雨が坂道に流れてきたんじゃない？」

教「他の坂道はどう？」

子「あっ、一番高い場所って階段の場所だ。」

子「坂道って放射性物質がたまりやすいんだよ。」

子「どうして？」

子「だって、雨が降るでしょ。放射性物質が流れていって坂のほうに行くの。だからその坂のところって放射線が高いんだよ。」

子どもたちは実際に自分の歩いている場所で放射線を測り、その数値から放射線の存在を実感することができました。そして、なぜ放射線には高い場所と低い場所があるのか、その理由を解き明かしていきました。

8　放射線教育が切り開く未来

福島県から離れた都道府県では、放射線教育の必然性をあまり感じられないかもしれません。しかし、私はこの放射線教育が必要なのは福島県だけではないと考えています。福島県の中でも放射線についての捉え方は異なります。原発周辺の市町村の方々は、今も避難を余儀なくされています。し、未だに帰宅できる見通しが立たない、おそらく生涯自宅には戻れないであろう人もいます。こうした人たちの中には、初期情報の遅れから小さな子どもが比較的大きな被曝を受けることになり、大変な不安を抱えている家族もいます。

また私の住んでいる郡山でも、放射線に関してほとんど関心のない人もいます。同じ福島県でも会津地方（福島県の西側）では線量が他県よりも低い場所もあり、「風評被害」という言葉で、少しでも原発事故と切り離そうとしています。しかし、私たちは他の都道府県からみれば同じ「福島県」です。一方、西日本では、東日本は東京も含めてひどく汚染された地域と見ている人もいます。さらに視野を広げれば、我々が「ベラルーシ」を放射性物質で汚染された「国」として見ているように、「日本」という国自体が放射性物質に汚染された国だと認識している外国の方もいることでしょう。このように放射線による汚染は、どこから見るかで捉え方が変わるのです。

私は教師として、そして親として子どもたちの未来を心配します。それは放射線の影響と言うよりは、むしろ人との関わり方においてです。おそらく子どもたちが結婚するときに、広島や長崎でそうであったように差別の問題が起こることでしょう。心ない言葉を浴びせられるかもしれません。

実際にインターネットの中ではすでに「汚染された子ども」「殺人農家」など非常に激しい言葉が飛び交っています。またデマもすさまじく「奇形児がどんどん増えている」「鼻血が止まらない子どもがたくさんいる」など不確かなことを広めようとする人もいます。こうしたことを防ぐためにはこれまで紹介してきたような放射線教育を徹底するしかないのです。

これらは「道徳」としての視点だけで解決できるものではありません。科学で解決し、理解していくことも大事なのです。正確なデータと実際の状況を調査、比較して科学的に分析し、理解していくことでしか、この問題は解決できません。「人を傷つけるようなことを言ってはいけない」というような性質のものではないのです。こうしたデマの影響をなくしていくためにも、福島県だけではなく全国の学校で放射線教育を実践していく必要があります。

私たち教師の役割とは、こうした状況にあっても、賢く、そして力強く未来を切り開いていく子どもを育てていくことにあります。単純に放射線のことについて知識を蓄えればよいのではなく、身につけた知識を広げ、使いこなす大人へと成長させていかなければなりません。そのために私たち1人ひとりに何ができるか、ぜひ一緒に考えていきたいものです。

【授業で使ったテキスト】

放射線等に関する副読本作成委員会（2011）『放射線について考えてみよう』文部科学省

木村真三・監修／坂内智之・文／柚木ミサト・絵（2011）『イラストブック 放射線になんか、まけないぞ!』太郎次郎社エディタス坂内智之・柚木ミサト制作『みんなで防ごうほうしゃせん』（ＰＤＦデータ：http://www.mikanblog.com/wp-content/uploads/2011/04/inochimamoru_omote2.pdf)
環境省（２０１３）副読本『調べてなっとくノート（第３版）』除染情報プラザ

第3章　少女たちの声はきこえているか

——福島県立相馬高校放送局の震災後の活動

後藤隆基

1　はじめに

東日本大震災と東京電力福島第一原子力発電所事故後、被災地の子どもの声を聞いてこなかったのではないか、という大人たちの声がありました。[1] そうした状況下で、子どもたちが声を上げ、それに大人が耳を傾けうるひとつの手段として機能したのが、高校生による演劇です。とくに福島県内の高校——いわき総合高校（いわき市）、大沼高校（大沼郡会津美里町）、あさか開成高校（郡山市）などの演劇部の作品が演劇界で注目を集め、専門誌にもとりあげられてきました（後藤２０１５）。

そんな中で、雑誌『科学』（岩波書店、82巻10号、２０１２年10月）が特集「放射線副読本をどう考えるか」を組んだ際、福島県立相馬高校放送局による演劇『今伝えたいこと（仮）』の台本が掲載されました。そこには「放射線副読本を取り上げるにあたり、今後取り組まれるべき新たな副読本作成には、こうした子供の声がふまえられるべきだと考える」という編集部の言葉が付記されています。２０１２年3月、東京の小劇場で初演された『今伝えたいこと（仮）』（笹塚ファクトリー、3月10・11日）は、いわゆる演劇ジャーナリズムの俎上には載らなかったものの、演劇界からは離れた場所で反響を呼んだ作品と言えます。初演後、各地で公演の機会が設けられるとともに、放送局は同作を軸とする映像・音声作品を発表し、福島の高校生の〈生の声〉を伝える上映会が草の根的に展開されてきました。

本章では、福島第一原発から45㎞の場所にある相馬高校の放送局が、２０１1年から２０１4年にかけて制作した演劇・映像・音声作品群と、それらの上演・上映活動について紹介します。放送局の活動を早い段階からフォローしてきた雑誌『J-one』や各紙誌の関連記事、放送局顧問の渡部義弘教諭による文章（渡部２０１３）及び同氏へのインタビュー（山岡２０１３）など、そして個々の作品を含めた生徒たち自身の言葉に拠りながらその活動の軌跡をたどることで、震災・原発事故をめぐる若年層の動向、生徒たちの変化、表現を通じた学びの可能性を考えてみたいと思います。

2 『今伝えたいこと（仮）』という演劇

まずは、相馬高校放送局の活動を広く知らしめた『今伝えたいこと（仮）』が成立した経緯と作品内容を確認しておきましょう。(2)

２０１1年6月、福島第一原発から31㎞の南相馬市に住む、放送局の当時1年生の女子生徒が、20〜30㎞圏――〈緊急時避難準備区域〉から1㎞の違いで〈安全〉の境界が引かれてしまう不条理を主題に、家族へのインタビューを構成したラジオドキュメント『緊急時避難準備不要区域より』

を制作しました。「本当でも嘘でもいい、国の言うことを心から信じられたら、こんなに苦しまなくて済むのに」――。作中にひそやかに刻まれた絶望は、その後の放送局の活動の起点となるものでした。

放送局の主な活動の1つに、毎夏に開かれるＮＨＫ杯全国高校放送コンテストへの出品があります。『緊急時避難準備不要区域より』は県大会で5位、全国大会へ進める4位には届きませんでしたが、渡部教諭が同作や津波による通学路の被災状況などを映した『our (un) ordinary』（テレビドキュメント、２０１１年６月）を笹塚ファクトリーに送ったところ、日本演出者協会の〈被災地の舞台芸術家を支援する事業　フェニックス・プロジェクト〉で紹介されて反響を呼び、震災をテーマにした演劇の制作を打診されました。それを受けて希望者を募り、演劇部所属の1年生、６人の女子生徒とともに、放送局の活動の一環として『今伝えたいこと（仮）』の制作が始まったのです。

作品づくりに際して、渡部教諭は次のような条件を課しました。１つは『緊急時避難準備不要区域より』を聞いてから作品をつくること。２つめは震災にまつわる思いや体験を話し合い、共有すること（渡部２０１３）。中学校の卒業式の日に震災に遭遇した彼女たちは異なる学区から集まっており、互いの震災体験を知らなかったためです。さらに、内容は暗くしたほうがよいのではないかという提案や、劇中の震災関連死者数を示すシーンでは人形《ひとがた》を使ってその数を可視化するという助言（赤坂・相馬高校２０１３ｂ）以外は、脚本・演出を含め、生徒たち自身の手でつくられた点は留意されるべきでしょう。そして「３・11から未来へ　福島、東京の高校生からのメッセージ」をテーマに開催された〈フェニックス・プロジェクトvol.４〉のプログラムの中で『今伝えたいこと

（仮）』が初演されました。

『今伝えたいこと（仮）』は全３幕、約35分の短い作品です。タイトルの「（仮）」には、進行中で不確定な現実と、伝えたいことは常に変化するという思いが込められています。

震災から1年後、福島県内の高校の教室。登場人物は震災の年に高校へ入学した望美、桜、麻希の３人です。ある日、３人の中で最も明るく振る舞っていた望美が、突然自ら命を絶ってしまい、桜と麻希はその原因を思い悩む中で、それまで言わずにいた震災体験を話しはじめます。麻希は、福島に対する誹謗中傷、将来への不安、大人への不信、自分たちの意見が届かないことに苛立ちを抑えきれません。彼女の「誰かお願いです！　私たちの話を聞いてください!!　子供の訴えを無視しないでください！」（相馬高校２０１２）という〈叫び〉は作品の根幹をなすメッセージとして前景化されていきました。そして劇は、自殺した望美の絶望的なモノローグで幕を下ろします。

この作品の最大の特徴は、未来への希望や前向きな結末、登場人物に対する救済は全く用意されていない、ハッピーエンドの物語ではないという点です。初演から彼女たちの取材を続け、翌年に「ＮＮＮドキュメント２０１３」として『今、伝えたいこと（仮）』福島・女子高生の叫び』（２月３日放映）を制作した福島中央テレビのディレクター、村上雅信氏の言葉は、舞台に遭遇した大人の受け止め方を端的に表しています。

> 彼女たちの作った劇は希望の見えないストーリーでした。ラストシーンも絶望の叫びで終わる脚本でした。それを伝えなければいけないと思った。〔中略〕その前に見た高校演劇は結局最後はハッピーエンドで「前に向いて歩こうよ、未来を作って行くのは俺たちだから」とい

う形でなんだけど、それの対の意見だった。それで彼女たちに未来はないの?って訊いたら「ない」って言うんですよ。逆に「今の福島のどこにどうやって未来をみつければいいんですか?」って。何か漠然としたものがあってそれに向かって進んで行くんじゃないの?って言っても「いや、今の福島には未来はない、という意見を出さないといけない」と脚本担当の子が言う。みんなも「そうだよね」と。(村上・すぎた2013)

前向きな姿勢に収束する他校の作品との違いを明確に指摘したうえで、相馬高校放送局の対照的なまなざしを伝えています。彼女たちの危機意識は、メンバーが女子生徒だけで構成されているからこそ強かったのかもしれません。民俗学者の赤坂憲雄氏を交えた座談会で「将来結婚できないというせりふは、誰が考えたの?」と問われた際、麻希役の生徒はこうコメントしていました。

政府によると放射能は「ただちには影響ない」らしいですが、それなら将来はあるかもしれないじゃないですか。自分の子どもに何かあるかもしれないっていう、えたいの知れない恐怖があります。その不安は、女子のほうが大きいかなって。自分から言い出すのはつらいですが、ここで言わなかったら、私たちが抱えている不安が伝わらない気がして。考えていないと思われるのが嫌でした。(赤坂・相馬高校2013a)

制服を着た少女たちが、不安を不安として、絶望を絶望として生のまま投げ出している。そのことが、技術の巧拙のみで測れない表現となって多くの大人を撃ち、問題を鋭く突きつけたのです。

3　演劇から映像・音声作品への展開

『今伝えたいこと（仮）』の初演は反響を呼び、翌年3月のオリジナル・メンバーの部活動引退にともなう最終公演まで6カ所計9回上演されました。[3]くわえて同作の公演映像と放送局制作の映像・音声作品――先に掲げた『緊急時避難準備不要区域より』や『our (un) ordinary』、南相馬市在住の詩人、若松丈太郎氏が震災以前に発表した予見的な詩『みなみ風吹く日』[4]の朗読（２０１１年８月録音）などで構成した上映会が開催され、新たな映像・音声作品もつくられていきました。

２０１１年３月11日に何が起きたかをフィクション的に描き、また首相官邸に質問のメールを送った生徒の体験、政府及び有識者の発言などをコラージュした『(non) fiction』（ラジオドラマ、同前）は前年5月に録音自体は終わっていたそうですが、同時期に制作された2つのドキュメント作品は『今伝えたいこと（仮）』後につくられ、その影響を色濃く反映しています。

出産や健康の問題について同級生や教員らにインタビューした『Is this?』（ラジオドキュメント、同前）は『今伝えたいこと（仮）』から「もしも私達、将来他の県の人と結婚したり、子供作ったりしたときに、福島県民の放射能の事を言われたら…」（相馬高校２０１２）といったせりふを引用するなど、放射能に対する恐怖や不安を抱く女子高生の心情を率直に伝えています。また『緊急時避難準備不要区域より』を制作した生徒は『Girl's Life in Soma』（テレビドキュメント、同前）の中で、原発事故や低線量被曝の不安に侵食される女子高生の日常を描いています。作中の「悩みや苦しみを分かち合える人がいる。〔中略〕悩みを抱えていたのは自分だけではなかった。ここには笑顔の数と同じくらい、不安や苦しみがあった」というナレーションには、同級生である演劇部のメンバーへの共感が示されていました。彼女は後にこう語っています。

伝えたいことはあるけれど、それをはっきりと言葉にするのは怖かった。でも、演劇のリハーサルを見て、自分が抱いていた不安や言葉にできなかったものをこうもストレートにやるのかって。衝撃を受けました。（赤坂・相馬高校2013a）

演劇の上演活動を共にする中で、自分の「伝えたいこと」を「言葉にする」ことに対する意識の変化が生まれていたのでしょう。『Girl's Life in Soma』を締めくくる「放射能なんて怖くない。ほんとうは怖いけど怖くない。差別なんかされてらんない。差別されても負けない。何がなんでも楽しく生きてやる。だって、女子高生だもん」というナレーションには、苦難の渦中にある現状や絶望を直視しながらも前を向こうという意志がうかがえます。

前向きなものを作りたいという気持ちはたしかにありました。それは、あえて前向きにすることで、現実もついてくるんじゃないか、自分の気持ちを前向きにもっていき、前向きな言葉を使うことで、明るい未来がやってくるんじゃないか、そういう願いがありました。また、自分の決意というものも込めたつもりです。／「差別なんかされてらんない、差別されても負けない」そういうことで、不安にかられる情けない自分と決別できた気がしています。（永野・鈴木・渡部2013）

演劇を上演する演劇部の生徒と、彼女らと活動を共にして舞台を見つめながら作品をつくる放送局の生徒。この2つの立ち位置が並存することが、相馬高校放送局の活動を考えるうえで重要です。

次節以降は、上演・上映活動への参加・協働による生徒の変化を見ていきたいと思います。

4 慟哭《どうこく》する子どもからの変化

『今伝えたいこと（仮）』の仙台公演時（２０１２年12月）に行われたトーク・セッションで創作にまつわる苦労について質問された生徒たちはそろって震災の体験や当時の心情を思い出すことのつらさを挙げていました。

　一番辛かった事は、台本を作るにあたってのネタ出し。本当にみんなの実体験を集めたんです。その時、例えば、普段の会話で言わなくてもいい事を――知り合いが亡くなってしまって、これこれこうだったんだよ、とか言ったり、自分の辛いところをわざわざ掘り起こして、他の人に話すって事はとっても…聞く側もとっても辛くて。〔中略〕日常で話す事が「地雷」になるかもしれないじゃないですか。普段気にしなくていい（はずの）地雷をお互い見せ合わなければならないっていう。気まずくて。それが一番大変でした。（相馬高校２０１３）

それでも「私たちも出来ることなら忘れたい事なんですけど。それを忘れてしまったらこれからに繋がらない」（同前）という覚悟のもと、生徒たち自身の手で紡ぎだされた言葉は、本来であれば初演かぎりで消えてしまうはずのものでした。しかし、周囲からの要請で公演を重ねることになり、そのたびごとに言葉を自分たちで研ぎ澄ましていく必要があった。異なる地域の、さまざまな観客の前に立ち続け、言葉を発していかねばならなかったのです。バッシングを覚悟して舞台に臨んだ生徒もいたと、顧問の渡部教諭は後に述べています（渡部２０１３）。

この演劇から伝わってくるのは、福島の子供たちの真実の慟哭だ。そんな子供たちの思いを、部員たちは自らの身を削るような覚悟を持って表現している。(岩瀬2012)

右の評言は京都公演(2012年8月)のレポートですが、初演から翌年3月の最終公演まで、その「自らの身を削るような覚悟」が変わることはなく、公演のたびにメンバーで話し合って台本を改訂したものの、劇中に救済が描かれることもありませんでした。そのときどきの現状をふまえた変化を前提とする「(仮)」は、台本の異同を確認するかぎり、作品の構造自体を大きく変えることはなかったかに見えます[5]。しかし、演劇をつくり上演するという一連の行為を通して、生徒たちは少しずつ変わっていきました。笹塚ファクトリーでの最終公演後、麻希役の生徒はこう語っています。

初演の時はもう…誰も信じないみたいな、ニュースとか見て政治家とかいるじゃないですか。まわりの大人とかも見て大人の言う事は信用出来ないと思って、最初は大人の人全般に叫ぶだけだったのですけれど、こういう公演をやって行く間に――協力してくださる方がいないと出来ないので、私達と同じ目線に立って考えてくれる人たちに出会って、私は変わりました。(赤坂・相馬高校2013b)

このような変化に焦点をあてたのが『今伝えたいこと』(ラジオドキュメント、2013年6月)です。「公演が始まるまで、不安とかストレスとか、今までの苦労が甦ってきて、なんでこんなにつらいのにずっとやってなきゃいけないんだろうと思うんですけど、舞台に立って、終わってから拍手をもらって、直接最後に『ありがとうございました』って言って、その後に言葉をかけてもらうと、それでやっと、続けててよかったなと思える」(『今伝えたいこと』)とも語っていた麻希役の生徒。舞台に立ち続けた彼女の言葉は、活動に関わる生徒全員に共通する真情だったのではないでしょうか。

この作品は放送局の後輩の眼を通して見た『今伝えたいこと(仮)』という構造になっています。最終公演後、照明スタッフの生徒が「私達だけでこの(仮)を終わらせられないと思います。まだ福島は全然復興していません」(赤坂・相馬高校2013b)と述べていましたが、彼女たちの演劇を象徴する「(仮)」を外した『今伝えたいこと』が下級生の手でつくられたことに、放送局の活動が次の世代に引き継がれる兆しをみることもできます。

福島からの声はまだまだ伝わっていない。とくに子どもたちの声はあまり聞いてもらえない。だから伝えることを諦めてる人も多い。でも、私たちのことをわかってくれる人がいた。福島のことを本気で考えてくれる人もいた。「変わらない」なんて諦めてはいけない。あなたの「今伝えたいこと」は何ですか?

『今伝えたいこと』を結ぶ問いかけの向こうに想定される「あなた」とは、問いかけている生徒たち自身でもあったのかもしれません。

5　評価とさらなる学び

2013年7月、福島の現状を伝える「相馬高校放送局の高校生たちが3・11大震災後に取り組む活動」に対して、第56回日本ジャーナリスト会議(JCJ)賞の特別賞が贈られ、1958年に同賞が始まって以来という高校生の受賞は話題になりました。その選評を紹介しておきます。

3・11後の福島には、現代日本の矛盾が凝縮されている。原発事故や放射能について自由に語り話し合うことがタブーとされている。相馬高校放送局の生徒たちは音声・映像、演劇などの作品群を通して、その「禁」を打ち破った。「安全」「収束」の声に疑問をなげかけ、社会的現実を討論し見極め、今言わなければならないことを、心の奥底の不安、怒りとして表出した。日本の高校生の可能性を示す言論活動として評価される。[6]

放送局の作品を広く伝える役割を担ってきたのが、全国70回（2015年2月現在）に及ぶ上映会です。基本的には顧問の渡部教諭が出張し、解説する形式をとりますが、生徒が同行する機会もありました。たとえば、2013年4月に行われた九州での上映会（4日・長崎、5日・水俣、6日・熊本）。その経験を踏まえて、1本の作品が制作されています。

『相馬高校から未来へ』（テレビドキュメント、2013年6月）は、放送局の女子生徒――ひいては彼女たち自身の震災後（＝入学後）2年間の軌跡を描いた作品です。当該時点での集大成ともいうべきこの作品は、第60回NHK杯全国高校放送コンテストの県大会では4位だったものの、全国大会（2013年7月）においてテレビドキュメント部門の優勝作品に選ばれました。

ねえねえ、みんな覚えてる？　忘れるわけないって、みんな言うよね。だけど、人って忘れちゃうんだ。だから、今日は思い出してほしい。つらいけど、あの日のこと。あの日から、今日までのこと。（『相馬高校から未来へ』冒頭のナレーション）

2011年4月、地震で壊れたガラス窓から雨が吹きこむ体育館で、中学時代の制服を着て参列した入学式、伝統の校歌・応援歌練習を経て「相馬高校生になった」生徒たちにとって「高校生活は人生の再スタート」でもありました。放送局に入り、前掲の『緊急時避難準備不要区域より』を制作した女子生徒は『今伝えたいこと（仮）』に出会い、活動を共にすることになります。そして「全国各地で演劇を行い、必死で戦い続けてきた」同級生の姿から「大切なことを教え」られたといいます。次に掲げるのは、作中に引用された、熊本上映会での麻希役の生徒のコメントです。

長崎の原爆のことであったり、水俣の水俣病のお話であったり、過去のものだと完全に思っていたので、まだまだ過去のものではない、現在も続いている問題で、それを知っている若者が、たぶんすごく少ないいんだっていうことに気づいて。私は、こういうことがまだ現在進行形で続いている「日本の課題」だっていうことを知れた、数少ない若者だと思うんですね。自分のための未来をつくりたいなら、まず自分でその未来をつくっていく努力をして、少しでも日本をいい方向に変えていけたらいいなと思いました。

『相馬高校から未来へ』は、『今伝えたいこと（仮）』を視座に据えながら、長崎や水俣を訪問した際に現地の人たちから説明を受けている映像等も挿入され、各地での公演や上映会を経たことによる生徒たちの変化が留められています。この作品は、次のナレーションで締めくくられます。

大切なのは、考え続けること。過去のことにしちゃいけない問題が、たくさんある。考えて考えて、考え抜いて、目の前が真っ暗になるかもしれない。だけど、目を閉じちゃいけない。大丈夫。暗闇の先にも、きっと光はある。

当初は絶望の表出から始まった活動が、自分たちをとりまく「あの日」とそれ以降の時間、福島という場所の問題を踏切板として、長崎、水俣といった他地域が抱える課題にも視野を広げ、それらを「考え続ける」という地点に帰着し、そして〈未来〉へのまなざしが生まれている。そこには大人が主導的に答えを引き出したり与えたりするのではない、自律的な学びの姿勢が見て取れます。

生徒たちは、多くの大人たちのサポートで公演や上映会が成立したこと、各地の観客の真摯な反応に活動を続ける勇気を得たことなど、一連の活動を通じた自身の変化について、折々で述べていますが、最も近くでその活動を支えていた〈大人〉は、顧問の渡部教諭です。招聘元との折衝、公演映像が動画サイトに無断投稿された際の対応、公演・上映会の引率等、伴走者として生徒を守り続けてきた同氏を、ノンフィクション作家の山岡淳一郎氏は「世間という河を、生徒を乗せて渡る『舟』」（山岡２０１３）と表現しています。山岡氏の取材に渡部教諭は「生徒と対話はしたけど、作品づくりに手を出さなかった。大人の作為なんてないほうがいい。生徒たちは、手の出しようのない場所で闘っているのです」（同前）と答えていました。生徒たちが考えるための〈場〉をつくり、共に震災後の時間と向き合っていく〈大人〉の存在、その関係のあり方が、相馬高校放送局の活動の基盤であり、生徒の自律的な学びを促した一因でもあったのでしょう。

6　少女たちの卒業

震災の年に相馬高校へ入学した生徒たちにとって、震災後の３年間が、そのまま高校生活の３年間でした。２０１４年3月に卒業した彼女たちは、映画監督の是枝裕和氏を講師に迎えたＮＨＫ（Ｅテレ）の復興支援番組『東北発☆未来塾』の「映像のチカラ」(7)に出演することになります。『今伝えたいこと（仮）』で麻希役を演じた生徒と脚本・演出担当の生徒、そして2年生の時に放送局へ入った女子生徒――映像制作は初めての3人が、卒業をきっかけに震災後の時間を考える企画です。

麻希役の生徒が制作したテレビドキュメント『あの日と今の私たち』は、友人への取材を通して震災で変わってしまった〈日常〉と日常化した〈非日常〉を描いています。当初、彼女は友人への感謝を示すナレーションで作品を締めくくっていました。しかし、是枝氏から「無理に明るく終わらせなくていい」と指摘され、楽しく終わらせたい気持ちと、友人の思いを理解できたのかという〈後悔〉との狭間で揺れる自分を発見します。構成を変え、卒業式での同級生の涙を見ながら「この日の涙の理由は、きっとみんな違う。私たちはお互いのことなんて何も知らなかったのかもしれない」と結んだ言葉に、彼女が高校生活の最後に抱いた心の揺れが刻印されていました。

『今伝えたいこと（仮）』の脚本・演出を担当した生徒は、主人公の未来《みく》が、卒業の記念に友人らとタイムカプセルを埋め、30年後へ思いを託すテレビドラマ『これから。』を制作しました。震災以外のことが増えていく日常に埋没し、しだいに自分も震災を忘れていってしまうかもしれないという不安。タイムカプセルに震災後の〈今〉を切りとる写真や手紙を納めた主人公たちの姿は、30年という時間を射程に入れて、この作品に自分たちの〈今〉を封じ込めた作者自身の姿とも重なっています。

もう1人の生徒によるテレビドキュメント『見えぬ壁』は、友人同士の間でタブーになっていた震災の話を聞くことで、震災によって生まれた〈心の壁〉に向き合おうとした作品です。原発事故の影響で警戒区域内の自宅に帰れない彼女は、津波で家が流された、県外に一時避難していた、家族を亡くした……さまざまな被災の状況下にある友人たちとの対話を通して、やがて〈壁〉をつくることで自分たちを守っていた、生きていくために必要な〈壁〉もあったという気づきに至ります。『これから。』をつくった生徒は『見えぬ壁』を見て、涙を浮かべながらこう語っていました。

自分よりひどい被害の人が多く、上演活動をする中で「本当にわかってるの？」と友達に言われたこともあって、それが悲しくて……。なぜわかってあげられない、わかり合えないんだろう。みんなと比べて、私はつらい思いもしていないけれど、ずっとわかりたくて。でも、人は経験していることも違う。私はあなたになれないし、あなたも私になれない。それはみんなに言えることだけど、結局それで〈壁〉が生まれる。（『東北発☆未来塾』２０１４年４月28日放映）

放送局のメンバー間では、作品創作や上演・上映活動の過程で震災の体験や心情を話し合い、時間を積み重ねて互いに共有を図ってきました。しかし、他の同級生との関係においてそれは、３年が経ってなお決して容易なことではありませんでした。この映像制作の機会を得て、彼女たちは初めて身近な友人という〈他者〉の心に向き合い、それを受けとめ、伝えるという状況に直面したと言えます。そのとき、日々の暮らしの中では困難だった〈震災の話を聞く〉ことが、映像作品の制作というフィルターを通すことで可能になった、とも言いうるのかもしれません。

渡部教諭は「震災後、あまり生徒が自分の思いを語らないので、何を考えているか分からなかったのですが、できあがった作品を通じて生徒の内面を理解しました」（ヒューマンライツ２０１４）と述べていましたが、生徒たちにとっても、作品をつくるという行為そのものが、自分自身と向き合うための方途として機能していたのではないでしょうか。『緊急時避難準備不要区域より』、『Girl's Life in Soma』、『相馬高校から未来へ』を制作した女子生徒は、震災後の活動をこう総括しています。

今までやって来た事は無駄ではなかったし、凄くいい経験になったと思うんですけど、振り返ってみると――悪く言うと、震災後にあえて暗い部分とか悪い部分ばかり見つめて来たんじゃないかな、って思って。私は水俣へ行ったり、作品を作った時の考えとはだいぶ変わっていて、もうちょっと違う見方も出来るんじゃないかな、と思って。私はもっと違う考え方をして、『相馬高校から未来へ』の作品自体も、あの作品を作った時の自分はあそこにはいるんですけども、今の私はまた違うと思っていて。その自分の変化をちゃんと、作品に残して来られたからよかったかなと。（相馬高校２０１４）

作品をつくることで、そのときどきの〈今〉を形にしていく。それを伝える活動を通じて外の社会とつながり、他者との関係性の中に自身を位置づけ、そして自身の〈変化〉を捉え直すまなざしを獲得する。相馬高校放送局のひとつの軸だった『今伝えたいこと（仮）』は、少女たちの揺れ動く心情の表出を「（仮）」という形で宣言していましたが、それは演劇のみで完結しない、放送局の作品や活動の総体であり、彼女たちが震災後を生きてきた時間の刻一刻、その絶えず変化していく〈今〉というものを伝える表現であったことを、改めて指摘しておきたいと思います。

タイトル	制作・初演年月	種類	時間
our (un) ordinary	2011年6月	テレビドキュメント	8分
緊急時避難準備不要区域より	2011年6月	ラジオドキュメント	7分
みなみ風吹く日（若松丈太郎作）	2011年8月録音	朗読	4分
青春の日々	2011年	PV制作（堀下さゆり）	—
今伝えたいこと（仮）	2012年3月	演劇	35分
Is this?	2012年6月	ラジオドキュメント	7分
Girl's Life in Soma	2012年6月	テレビドキュメント	8分
(non) fiction	2012年6月	ラジオドラマ	8分
置き去りにされた命	2012年8月	演劇（8月3日～5日、笹塚ファクトリー。映像・音声で参加。福島の子どもたち×ムカシ玩具・舞香共同作品）	—
相馬高校から未来へ	2013年6月	テレビドキュメント	8分
今伝えたいこと	2013年6月	ラジオドキュメント	7分
ボロボロな…	2013年6月	ラジオドラマ	8分
あの日と今の私たち	2014年3月	映像ドキュメント	11分
これから。	2014年3月	短編ドラマ	17分
見えぬ壁	2014年3月	映像ドキュメント	25分
Blind	2014年5月	ラジオドキュメント	7分
キレイになりたくて	2014年5月	ラジオドラマ	8分
ちゃんと伝える	2014年5月	テレビドキュメント	8分
野馬追、その心	2014年8月	テレビドキュメント	11分

福島県立相馬高校放送局の震災後の作品

7　おわりに

周囲からは『今伝えたいこと（仮）』の下級生への継承やオリジナル・メンバーによる卒業後の再演を期待する声もあったようです。しかし、相馬市で震災後の日常を送っていた生徒たちが、不安などさまざまな感情を抱えながら作品をつくり、彼女たち自身の手で、また震災から間もない時間の中で上演されるからこそ意味を持つのであり、後輩には継がせなかったと、渡部教諭は語っています(8)。

それでも、震災の年に入学した世代の卒業後も、その活動を間近で見てきた後輩によって、それぞれの〈震災〉や〈福島〉を伝える活動が続けられています。２０１４年度には、視覚障害者の震災体験について取材した『Blind』（ラジオドキュメント、5月）、警戒区域内に取り残された牛たちの対話を通して殺処分の問題を描いた『キレイになりたくて』（ラジオドラマ、同前）、放送局に入部して『今伝えたいこと（仮）』に出会い、上映会に同行した体験や、卒業式の答辞で震災で亡くなった父親について語った卒業生へのインタビューなどを踏まえて、自分も被災した故郷を見つめ、伝え続ける決意を表明した『ちゃんと伝える』（テレビドキュメント、同前）[9]が制作されました（山岡2014）。

中でも福島からの声を〈伝える〉という放送局の活動を自覚的に受け継いだ『ちゃんと伝える』には、制作者の2年生の女子生徒が、津波で流された自宅の跡地を訪れる場面が収められています。これは、詩人の谷川俊太郎氏の〈詩が生まれる瞬間を記録する〉映画『谷川さん、詩をひとつ作ってください。』（杉本信昭監督、2014年）に『ちゃんと伝える』をつくった女子生徒ら2人が渡部教諭と共に出演しており、その撮影のために、生徒の故郷である相馬市磯部地区へ行ったことをきっかけに生まれた場面です。

ここには、私の町が、家が、生活があった。何かしなければ、いつか忘れてしまう。でも忘れてほしくない。いつまでも覚えていてほしい。だから伝えていきたい。故郷の今を。（『ちゃんと伝える』）

震災や原発事故を背負い、戦い続けてきた少女たちの多くは、卒業後、福島を離れ、それぞれの道を歩きだしています。誰しも〈あの日〉からの時間的あるいは地理的距離は、環境の変化も含めて、変化していかざるをえません。そのとき、福島の、自分たちの〈今〉を作品に刻みつけてきた少女たちの軌跡は、次の世代によって継がれはじめている新たな描線とともに、ある時代を切りとった記録、証言として、私たちが震災や原発事故を忘れず、記憶し、学び、考え続けるための灯のひとつとなるのではないでしょうか。

【注】

（1）後藤・國分（2012）、赤坂・相馬高校（2013b）などを参照のこと。

（2）『今伝えたいこと（仮）』については、後藤（2015）でも詳述しています。

（3）初演後、4月15日にフォーラム福島（福島市、「イメージ福島vol.5」）、8月18日に西田幾多郎記念哲学館（石川県かほく市、「イメージ福島vol.6」）、8月19日に京都市呉竹文化センター（京都教育大学・東日本大震災復興事業「耳をすませば〜震災後に京都で何ができるのか考える〜」）、12月15日にエルパーク仙台（薊の会「今、被災地は！」）、2013年3月3日にさくらホール（南相馬市、ふくしま会議）、3月16・17日に笹塚ファクトリー（最終公演、ふくしま会議）と各地で公演を行ってきました。

（4）若松丈太郎（2010）『北緯37度25分の風とカナリア』弦書房。後に、若松丈太郎（2011）『福島原発難民　南相馬市・一詩人の警告　1971年〜2011年』コールサック社。

（5）活字化された台本は『科学』（2012年10月）掲載版と『J-one』3・11号（2013年3月）掲載版の2種類。最終公演ではさらに改訂がほどこされています（後藤2015）。

（6）JCJ賞ウェブサイト（http://jcj-daily.sakura.ne.jp/jcjsho13.htm　最終閲覧日2015年1月5日）。併せて吉原（2013）も参照のこと。

（7）NHK・Eテレで全4回（2014年4月7日、14日、21日、28日）放映。番組ウェブサイトも参照のこと（http://

www.nhk.or.jp/ashita/miraijuku/archives/201404.html　最終閲覧日2015年1月5日）。

（8）上映会（世田谷ボランティアセンター、2014年11月29日）での渡部教諭の解説より。

（9）『ちゃんと伝える』は、その年のNHK杯全国高校放送コンテストでは地区大会最下位だったものの、「大塚ショートフィルムフェスティバル2014　中学高等学校コンペティション部門」（同年8月）で入選、「大林宣彦と語る　高校生映像フェスティバル」（同年12月）で大林宣彦特別賞を受賞しています。

【参考文献】

赤坂憲雄・相馬高校放送局（2013a）「福島　私たちが伝えたいこと」『朝日新聞』2013年1月1日朝刊

赤坂憲雄・相馬高校放送局（2013b）「『今伝えたいこと（仮）』相馬高校放送局の飛翔　最終公演　これからも伝えたいアフター・トーク」『J-one』5号（2013年5月）

岩瀬春美（2012）「福島・相馬の高校生ら慟哭の舞台『今伝えたいこと（仮）』」『朝日新聞デジタル』2012年8月31日（http://www.asahi.com/showbiz/stage/spotlight/OSK201208310042.html　最終閲覧日2015年1月5日）

後藤忍・國分俊樹（2012）「福島の現場から　副読本が生んだ〈傷〉と〈混乱〉」『科学』82巻10号（2012年10月）

後藤隆基（2015）「演劇が描いた震災・原発事故――福島の高校生による表現を中心に」関礼子編『〝生きる〟時間のパラダイム――被災現地から描く原発事故後の世界』日本評論社

相馬高校放送局（2012）「今伝えたいこと（仮）」『科学』82巻10号（2012年10月）

相馬高校放送局（2013）「アフター・トーク『これからも伝えたいこと（仮）』」『J-one』3・11号（2013年3月）

相馬高校放送局（2014）「座談会　卒業――相馬高校放送局から未来へ」『J-one』8号（2014年5月）

永野三智・鈴木ひかる・渡部義弘（2013）「特集　相馬高校放送局」『ごんずい』129号（2013年5月）

ヒューマンライツ編集部（2014）「勇気を持って震災後の『今』を紡ぎ出す――相馬高校放送局の取り組み」『ヒュー

マンライツ』312号（2014年3月）
村上雅信・すぎたカズト（2013）「3・11〜福島を伝える」『J-one』5号（2013年5月）
山岡淳一郎（2013）「脱混迷ニッポン13　渡部義弘　相馬高校放送局活躍の影に『舟』となって支えた教師あり」『週刊金曜日』969号（2013年11月22日）
山岡淳一郎（2014）「東北の時間　第7回　今こそ伝えたい福島／全国1位の実績胸に／相馬高校放送局」『いきいき』216号（2014年12月）
吉原功（2013）「JCJ賞に輝いた相馬高校生　〝お願いです。私たちの声を聞いて下さい！〟　高校生が考える言論・表現の自由」『出版ニュース』2013年9月中旬
渡部義弘（2013）『今伝えたいこと（仮）』への軌跡」『子どもの本棚』534号（2013年4月）

[付記] 本稿の執筆にあたり、相馬高校放送局顧問の渡部義弘教諭から資料等をご提供いただき、諸事に亘るご高配を賜りました。心より御礼申し上げます。なお、各作品のせりふ、ナレーションの引用は、とくに断りのないかぎり筆者が作品を視聴した上で文字化したものです。

第４章　原発教育において情報の公平性は確保されているか

——人々の判断力・批判力を育む教育実践とＥＳＤとしての課題

後藤　忍

１　原発事故とＥＳＤにおける教訓

２０１１年３月に起きた東京電力福島第一原発の過酷事故は、ＥＳＤが目的とする「持続可能な発展（ＳＤ）」や「持続可能性」の観点からも、また、「批判力」などＥＳＤの「教育内容」の観点からも、大きな教訓を残しました。

「持続可能性」の教訓については、本書でもこれまで述べられたように、原発の過酷事故が、地域・国の持続可能性に深刻な悪影響を及ぼすことです。放射性物質による汚染で人々が追いやられた地域では、当然、社会活動、経済活動も成り立ちません。持続可能な発展（ＳＤ）のいわゆるトリプル・ボトム・ラインである環境、経済、社会の関係で言えば、チェンバースら（２０００）[1]が指摘するように、「環境の持続可能性こそが真のボトム・ライン」であり、「長期的に見て、社会や経済は健全な環境の中でしか持続できない」ことが改めて明確になったことを認識すべきです。

「教育内容」の教訓については、筆者も自戒の念を込めてこれまで指摘してきたように(2)、原発推進側に偏重した教育や広報により国民の公正な判断力や批判力を低下させるような、いわば〝減思《げんし》力《りょく》〟を防ぐことです。批判力は、ＥＳＤで育みたい重要な能力の1つにも位置づけられており(3)、人々の判断力や批判力を育んでいくためにも、原発教育における情報の公平性、公正性、正確性、バランスなどを確保しなければなりません。

これまで日本政府による公的な原発・放射線に関する教育・広報の内容は、原発の推進側に偏った内容となっていました。いわゆる「原発の安全神話」も、このような偏った教育・広報によって広められていました。福島第一原発の事故により「原発の安全神話」が本質的に崩れ去った後でも、「放射線の安全神話」とでも呼ぶべき言説の流布が見受けられます。その手段の1つに位置づけられるのが、原子力や放射線に関する国の「副読本」です。福島第一原発の事故前に、文部科学省と経済産業省資源エネルギー庁が２０１０年に発行した原子力に関する小・中学生向けの副読本（以下、２０１０年版副読本）があり、「(原発は)大きな地震や津波にも耐えられるよう設計されている」と書かれるなど、原子力の推進側に偏った内容となっていました。２０１０年版副読本は、福島第一原発の事故後に「事実と異なる記述がある」などの理由から２０１１年5月に回収され、その後、放射線の内容に絞った新しい副読本（以下、２０１１年版副読本）が２０１１年10月に発行されました。当然、福島第一原発の事故の事実や教訓を踏まえた内容となっているべきでしたが、実際は十分反映したものとはなっていませんでした。

２０１１年版副読本の内容に強い危機感を覚えた筆者は、同僚とともに、これに対抗する独自の副読本「放射線と被ばくの問題を考えるための副読本〜〝減思力〟を防ぎ，判断力・批判力を育むために〜」（以下、福大研究会版副読本）を作成して２０１２年３月に公開し、一部内容を改訂した改訂版を同年６月に公開しました。[4] 国の副読本への批判は当初から全国で数多くありましたが、明確に対抗する形をとり、公平性にも配慮して、まとまった内容の代替案として提示した取り組みとしては、筆者たちの副読本が最初のものであったと認識しています。福大研究会版副読本は、福島県教職員組合をはじめとする学校教育関係者や研究者、一般市民の方々など、国内外の多くの方々からご賛同・ご支援の声をいただき、２０１３年３月には新たに装丁や情報の追加を行った一般書籍版[5]を刊行することができました。この間の経緯等については、別稿[6]で述べているので、関心のある方はご参照ください。

　文部科学省の副読本に対しては、福大研究会版副読本の他にも、多くの批判が寄せられていました。第４節で後述しますが、多くの批判を受けて文部科学省は２０１４年２月に再度改訂を行った放射線副読本（以下、２０１４年版副読本）を発行しました。再改訂により不公平性はかなり改善しましたが、教訓の核心部分はまだいくつか漏れ落ちていると筆者は捉えています。

　このように、「教育内容」に関する〝減思力〟の教訓をどのように伝え、学んでいくかについては、現在も引き続き課題となっています。

　本稿では、「原発教育に関する情報の公平性」を主なテーマとして、ＥＳＤの文脈を踏まえて論じます。第一に、教育における情報の公平性の概念を整理し、第二に、原発教育に関する日本とドイツの副読本を事例として、公平性の特徴を把握します。第三に、２０１４年に再度改訂された日本の文部科学省の放射線副読本の内容について、改善点や残された問題点を指摘します。第四に、公平性の確保と密接に関係する判断力・批判力の育成について、筆者の取り組み例を紹介します。第五に、公平性の確保におけるいくつかの課題について論じます。

2　教育における情報の公平性

教育における情報の公平性について、厳密に定義することには困難をともないます。情報の取り扱いについて、絶対的に正しい配分原理はありませんし、基準によっても異なります。ジョン・ロールズの『正義論』を巡る議論と類似した点があるように思われます。また、教育という営みは、ある程度価値を含んでいるため、「完全に中立、公平な教育はありえない」との見解もあります。ただし、少なくとも公教育において、扱う情報の公平性を確保することは必要とされていると言えます。実際、日本の教育基本法や教科書検定基準では、公平性の確保に関する記述を参照することができます。教育基本法の第14条「政治教育」や第15条「宗教教育」では、偏ってはならない旨が書かれています。また、義務教育諸学校教科用図書検定基準の第2章「各教科共通の条件」の2「選択・扱い及び構成・排列」では、次のように記述されています。

（選択・扱いの公正）

（5）話題や題材の選択及び扱いは、児童又は生徒が学習内容を理解する上に支障を生ずるおそれがないよう、特定の事項、事象、分野などに偏ることなく、全体として調和がとれていること。

（6）図書の内容に、児童又は生徒が学習内容を理解する上に支障を生ずるおそれがないよう、特定の事柄を特別に強調し過ぎていたり、一面的な見解を十分な配慮なく取り上げていたりするところはないこと。

このように「特定の事項、事象、分野などに偏らないこと」「特定の事柄を特別に強調し過ぎていたり、一面的な見解を十分な配慮なく取り上げていたりするところはないこと」が、教科書検定基準における公正性（公平性）の意味するところです。逆に言えば、これらが満たされず、偏っていたり、特定の事柄が強調されたり、一面的な見解が十分な配慮なく取り上げられていれば、不公平な状態と言えるでしょう。

なお、「公平」と「公正」の違いについて、たとえば『広辞苑』（第六版、岩波書店）では、「公平」が「かたよらず、えこひいきのないこと。」、「公正」が「①公平で邪曲のないこと。②明白で正しいこと。」と説明されているように、「公平」と「公正」には共通する部分があり、その境界は必ずしも明確ではありません。一般的に偏りがない状況には「公平」が、偏りに関する正当性や意図を重視する場合は「公正」が使われます。本稿で扱う内容は「公正」に該当するものが多いですが、偏りに関するより客観的な分析なども扱っているため、「公正」の意味合いを含む広義の概念として、「公平」を原則的に使用しています。

これらの観点からは、不確実な問題や、事象や見解に幅がある事柄については、「その幅を説明しているかどうか」が公平性を判断する基準となります。原発の場合であれば、原発の利用の是非のように賛否両論のある事柄について、賛成派の立場からの情報のみが掲載されていたり、強調されていたりすれば、不公平な内容と言えます。

本稿で主に扱う、日本の国の省庁（文部科学省、経済産業省資源エネルギー庁）が発行した原子力・放射線に関する副読本は、教科書ではないので、教科書検定基準を満たさなければならない法的根拠はありません。しかし、教科書検定を行う文部科学省が発行するものであり、後述するように、2014年版副読本では実際に教科調査官が編集に加わっていることからも、その水準に達していることは求められるべきでしょう。

3　原発に関する国の副読本における情報の公平性

(1)　副読本の日独比較

国の省庁によって発行された原子力に関する副読本について、とくに「情報の公平性」に関する特徴を浮き彫りにするため、筆者は日本とドイツの副読本の内容を比較しました。[7] ここではその中から、「持続可能性」に直接関係する「ウラン資源の持続可能性」について、日独の副読本における記載内容を取り上げます。

ウラン資源の評価について、日本の2010年版副読本と、ドイツの環境省が2008年に発行した副読本での関連するページを図①に示します。

日本の2010年版副読本では、ウランの可採年数を100年として示しています。同時に、100％輸入であるウラン資源を、「ウランは一度輸入すると長期間使うことができ、また再利用

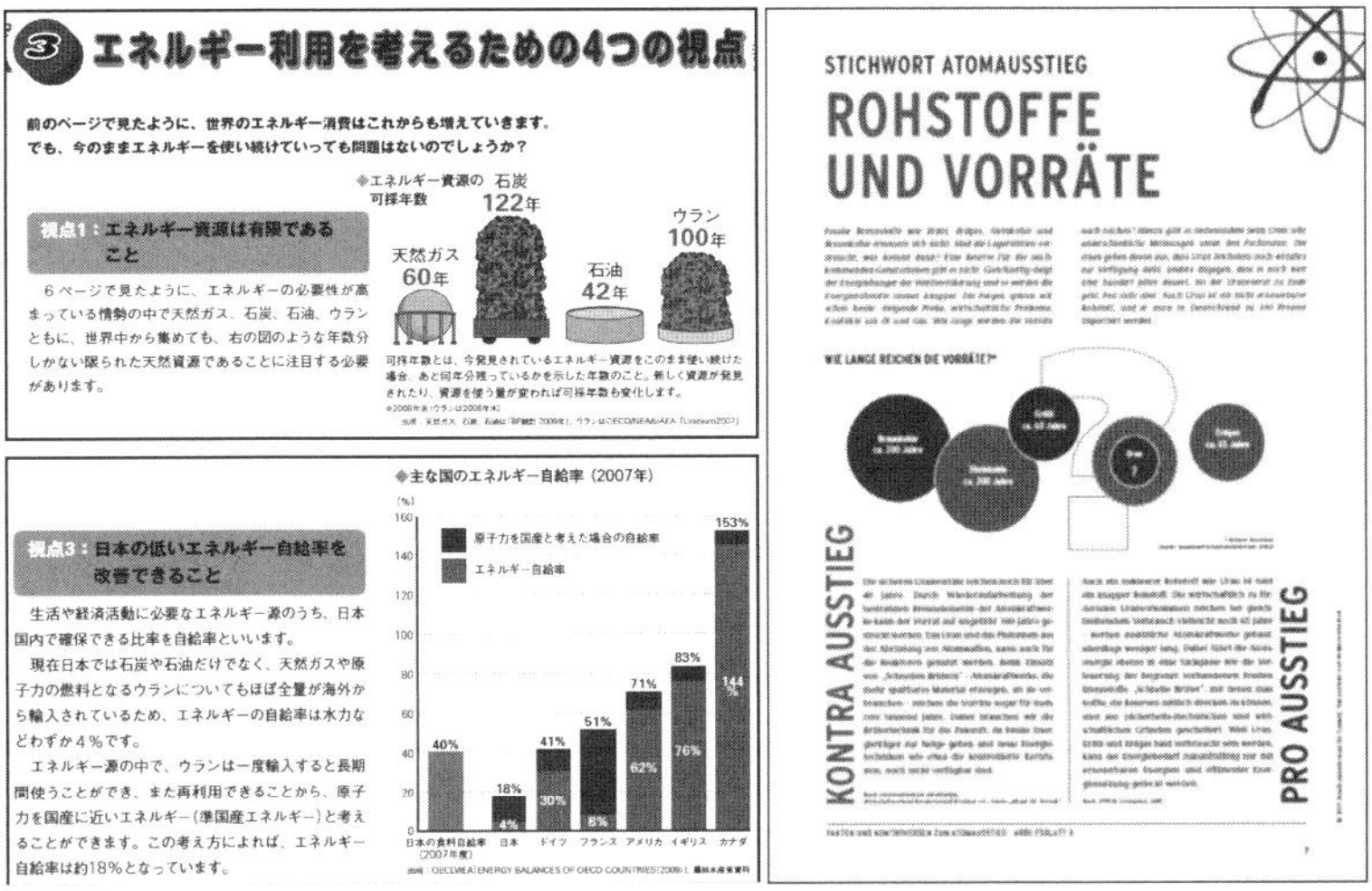

図①　ウラン燃料の評価についてのページ
（左：日本の 2010 年版副読本、右：ドイツの副読本）
出典：「チャレンジ！原子力ワールド」p.7 〜 8、「Einfach abschalten?」p.7

できることから、原子力を国産に近いエネルギー（準国産エネルギー）と考えることができます」という表現で捉え、その場合のエネルギー自給率を別途計上しています。使用済みウラン燃料の再利用については、このページだけでなく他のページでも度々「リサイクルできます」と表記されており、枯渇しにくいエネルギー源であることが強調されています。一方、ウランに依存しない立場からの見解やそれを支持する情報については本文中に出てきません。つまり、「ウラン資源の持続可能性は高い」「ウランに依存すべし」との立場の情報に偏っていることがわかります。

一方、ドイツの副読本では、「資源と蓄え」のページで、ウランの利用可能年数について専門家によって意見が異なることを述べたうえで、大きく「？」と表記されています。様式上、右と左に分けてほぼ同じスペースを確保し、原発をやめること（Ausstieg）について反対（Kontra）と賛成（Pro）の代表的な意見を、それぞれ出典を明記して引用しています。賛成意見では、「ウランも枯渇性資源であり65年程度で枯渇する。エネルギー需要は再生可能エネルギーと効率的なエネルギー利用でもってのみ、賄われるべきである」という、ウランに依存しない立場の意見が紹介されています。一方、反対意見では、「高速増殖炉が実現すれば、１０００年以上も使える」という、日本の２０１０年版副読本にも書かれている核燃料サイクルに相当する記述があり、ウランに依存する立場の見解となっています（ただし、日本の副読本のように「準国産エネルギー」といった欺瞞的表現までは書かれていません）。このように、「ウラン資源の持続可能性」については、専門家でもまだ答えが出ていないことを疑問符「？」で明示し、ウランに依存する立場と依存しない立場のそれぞれの見解を載せている点に、公平性を確保しようとする姿勢が見て取れます。

　国連ＥＳＤの10年（ＤＥＳＤ）を提唱した日本政府は、人々の判断力・批判力を育むことができるような、国際的にも「モデル」となるような教材をつくる責任があります。しかし、日本の国の省庁が発行した原子力に関する副読本は、原子力の推進側に偏っていて、判断力・批判力を育むようにはつくられていませんでした。一方、ドイツの副読本は、ＤＥＳＤの公式なモデル事業としても位置づけられています。

（２）テキストマイニングと感性解析による定量的な分析

　先述した、具体的な記述における特徴の指摘は、言語化されていない絵に含まれる情報や、ペー

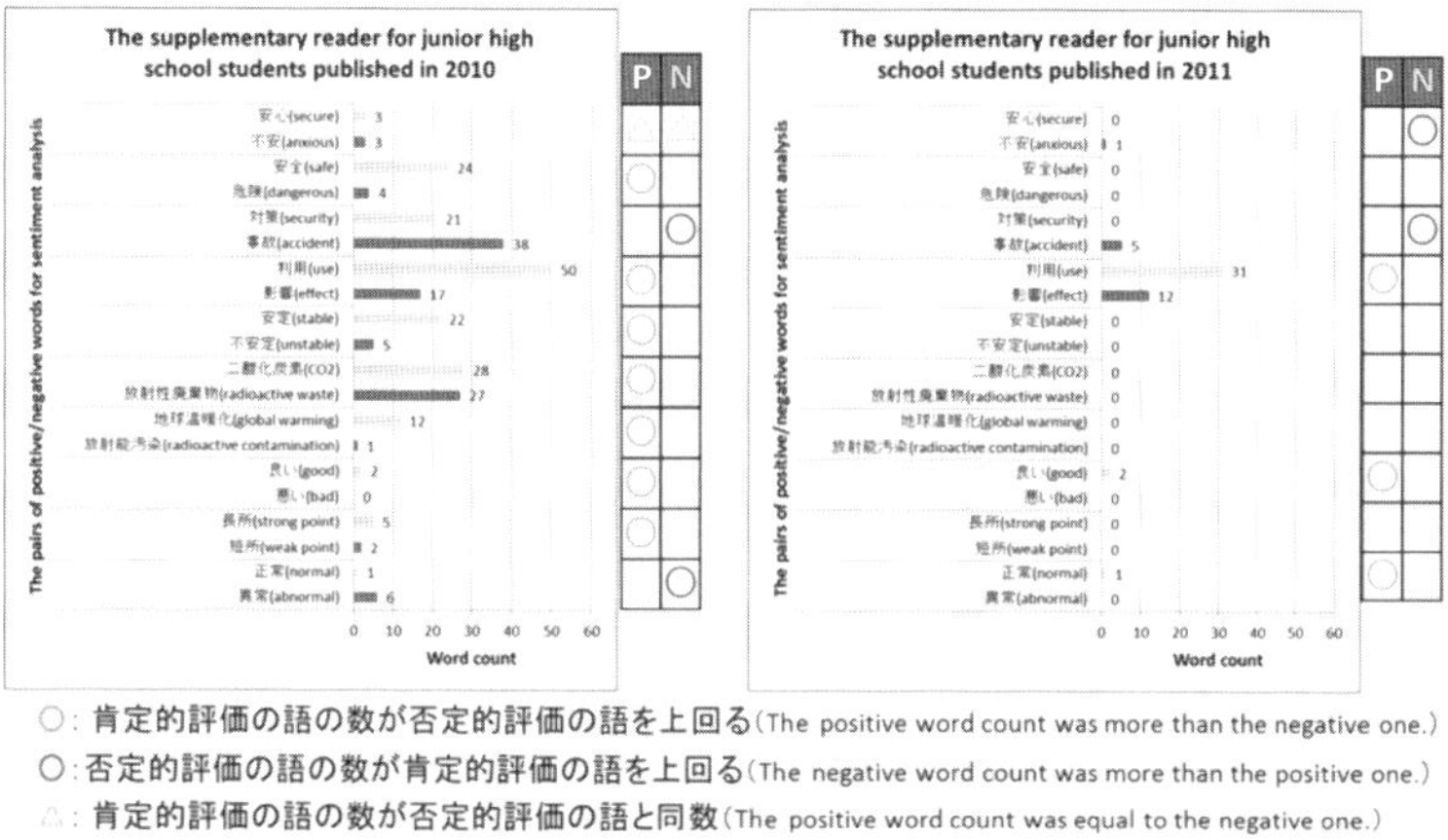

図②　国の副読本（中学生用）における感性解析の結果
（左：2010年版副読本、右：2011年版副読本）

ジで欠落している情報、個々の論理的な問題点などを指摘するには適していますが、副読本全体の特徴を客観的・定量的に把握するには、必ずしも適していません。筆者の研究室では、より客観的・定量的な分析方法として、テキストマイニングや感性解析を用いた分析も行いました[8]。これらの方法では、テキスト全体での語句の出現回数や共起関係を把握することができます。ここでは、紙幅の都合上、感性解析の結果の概要のみ紹介します。

図②は、日本の中学生用の2010年版副読本と2011年版副読本の感性解析の結果です。感性解析とは、肯定的／否定的評価を示す「感性語句」をあらかじめ設定し、その出現回数を分析するものです。原子力や放射線に関して、これまでの主な論点を参考に、対語関係にある語句を10組設定し、出現回数を計上しました。

2010年版副読本では、10組中7組で肯定的評価の語の数が否定的評価の語の数を上回っており、否定的評価の語の数が多かったのは2組だけだったことから、推進側に大きく偏っていたことが改めて裏付けられました。２０１１年版副読本では、内容が原子力全般ではなく放射線に絞られたことから、全体的に語の出現回数が減り、不公平性もやや改善しています。しかし、「放射線の評価」における肯定的評価の「利用」と否定的評価の「影響」の出現回数を比較すると、「利用」が31回なのに対し「影響」は12回であり、肯定的評価の語句のほうが2倍以上多く出現していました。このようなことから、２０１１年版副読本では、「放射線の利用」のほうが、「放射線の被ばくによる健康影響」よりも、強調して書かれている点を指摘できます。

４　国の副読本の再改訂

福大研究会版副読本を含む多くの批判を受けて、文部科学省は再度改訂を行い、２０１４年版副読本を発行しました。見直しと発行に充てられた予算は約２億９０００万円とされます。文部科学省の担当部局は、原子力課立地地域対策室から、より中立的な初等中等教育局教育課程課に変更されました。教科書検定を担当している「教科調査官」も編集に加わっています。結果として、不公平性はかなり改善されました。低線量被曝による健康影響など不確実な問題について中立的で慎重な表現が増えました。筆者らの福大研究会版副読本の記述内容に近い表現が増えたと捉えています。

たとえば、低線量被曝による健康影響に関する記述を取り上げると、次のとおりです。

・文部科学省２０１１年版副読本

「一度に多量の放射線を受けると人体に影響が出ますが、短い期間に１００ミリシーベルト（㎜Sv）以下の低い放射線量を受けることでがんなどの病気になるかどうかについては明確な証拠はみられていません。」

（文部科学省（２０１１）「知ることから始めよう　放射線のいろいろ」、p.15、※傍線は筆者による）

・文部科学省２０１４年版副読本

「一度に多量の放射線を受けると、人体を形作っている細胞が壊されて、様々な影響が出ます。しかし、１００ミリシーベルト（㎜Sv）以下の低い放射線量を受けることで将来がんなどの病気になるかどうかについては、様々な見解があります。」

（文部科学省（２０１４）「中学生・高校生のための放射線副読本」、p.12、※傍線は筆者による）

・（参考）福大研究会版副読本

「累積１００㎜Sv以下の低線量被ばくについては，安全と考える立場から，小さくてもリスクはあるとする立場まで捉え方に幅があります。」

（福島大学放射線副読本研究会（２０１２）「放射線と被ばくの問題を考えるための副読本」（改訂版）、p.10、※傍線は筆者による）

また、２０１１年版副読本には記載がなかった、子どもの「放射線への感受性が高い可能性」にも言及されました。福島原発事故に関する記述も大幅に増え、全体の約半分のページ数を使って説明しています。再改訂によるこのような変化は、筆者らを含む全国の人々の活動が引き出した１つの成果とも言えます。

しかし、２０１４年版副読本においても、まだ、過去の教訓の核心部分はいくつか抜け落ちていると筆者は捉えています。そもそも、２０１１年版副読本を作成する時点で、福島第一原発事故の事実や内容の公平性にこの程度配慮したものはつくれたはずですし、つくるべきであったというのが筆者の考えです。２０１４年版副読本の詳細な分析は別稿にて論じたいと思いますが、筆者の考える主な問題点は次のものです。

①事故が起きた背景（「安全神話」の流布や、国会事故調が指摘した「規制の虜」など）、政府等の事故後の対応、副読本の不公平性や再改訂の理由など、国の責任に関する記述がない（適切に対応してきたかのように書かれている）。

②福島第一原発の事故による問題の深刻さを伝える情報（廃墟となったままの街、野積みになった除染廃棄物など）がない。

③原発事故や被曝による「死」（震災（原発事故）関連死やＪＣＯ臨界事故など）について、記述が極力排除されている。

④汚染の程度や被曝による人権侵害の状況について判断するために必要な情報がない（放射線管理区域や一般公衆の追加被曝線量限度、避難指示区域の線量基準などが本文で説明されていない）。

⑤放射線防護の方法（安定ヨウ素剤、ホットスポットになりやすい場所など）や甲状腺の検査、子どもの被曝に対する感受性の高さなどについて、記述が不十分である。

⑥放射線の内容に絞ったままであり、事故前の２０１０年版副読本のように、扱う内容の枠を原子力全体にまで戻してはいない（原発の是非について直接的に扱う内容ではない）。

①は、原発事故の事実と教訓に関するものです。加害者側の国が出した副読本では、その責任を認める記述はなく、教訓の核心部分について学ぶことはできない点を指摘できます。②、③、⑥は、公平性の確保の観点から、幅のある事象や見解についてその幅を理解できるようにはなっていないことを意味します。④、⑤は、第6節で後述するように「脱被曝、人権回復のための教育」の観点から問題と考えられるものです。

同様の懸念は、福島県が国の予算も得て、2016年4月の完成を目標に建設を進めている福島県環境創造センターの交流棟における展示内容（案）[9]にも当てはまります。展示は、福島第一原発の事故や放射線、福島県の復興への取り組み等に関する内容となっており、完成後は学校教育の一環として、福島県内の小学5年生全員に見学させる予定となっています。2014年9月時点の展示内容の案を見ると、事故の教訓の核心部分や放射線管理区域の基準などの情報は含まれていないことがわかります。福島県環境創造センターのように公的な研究・教育機関における展示内容がより良いものとなるよう、市民の目でチェックしていくとともに、必要に応じてこれに対抗できるような情報センターを設置していくことも重要であり、すでにその試みも始まっています。[10]

5　判断力・批判力を育むための教育実践

福島第一原発事故後、筆者が原子力・放射線教育として大学での講義や子ども向けのワークショップ、講演等で重視しているのは、〝減思力〟の教訓を伝えることと、判断力・批判力を育むための実践です。これまで述べてきたような、国の副読本を題材とした批判的分析や、改訂前後の内容の比較分析などを扱っています。また、原発に関する過去のテレビコマーシャルなどの各種メディアを題材として、そこに提示されている情報を批判的に読み解く「メディア・リテラシー」を育成する実践も行っています。[11]

文部科学省の出前授業として実施された放射線教育において、〝減思力〟教育と言えるものが、福島第一原発事故後の福島県でも行われていることについて、筆者は別稿で指摘しました。[12] 筆者が原子力・放射線教育に関する子ども向けの講演を依頼された際には、この実例を批判的思考のためのわかりやすい題材として使用しています。福島県いわき市で行われた出前授業に参加した保護者の記述[13]によれば、講師から次のようなクイズが出されたそうです。

Q.「放射線は防げる?」→選択肢:(1 絶対に防げない　2 だいたいは防げる)

Q.「放射線は私たちの暮らしに役立ちますか?」→選択肢:(1 害になるだけ　2 役に立つ)

正解はいずれも「2」とのことです。つまり、「放射線はだいたい防げて、暮らしの役に立つ」となります。もしそうなら、なぜ福島県では避難指示が出されているのでしょうか? このクイズは、避難や防護を余儀なくされている福島県民の実態とは、あまりにそぐわないものであることは言うまでもありません。

読者の方もお気づきのように、このクイズは、放射線に肯定的イメージを持つようにつくられています。次のように修飾語を逆にすると、正解がともに「1」となることからもわかります。

Q.「放射線は防げる?」→選択肢:(1 だいたいは防げない　2 絶対に防げる)

Q.「放射線は私たちの暮らしに役立ちますか?」→選択肢:(1 害になる　2 役に立つだけ)

こちらのつくり方であれば、「放射線はだいたい防げなくて、暮らしの害になる」となります。このように、放射線に否定的イメージを持つようにもつくることができますが、元のクイズはそうなっていないことを、子どもたちに説明します。そして、公平性を確保して修飾語を揃えた場合は(例：1 絶対に防げない　2 絶対に防げる)、「正解なし」か「解答不能」になることを確認します。つまり、正解は「放射線は防げる場合もあれば防げない場合もあり、害になる場合もあれば役に立つ場合もある」ということであり、それを子どもたちに教えるべきで、このような「2択クイズ」による情報操作は公平とは言えません。

以上のような批判的思考から、もしこのようなクイズを出されたら、正解を選ぶことができるだけでなく、隠された意図や技法がないかを冷静に見抜くことができることが大切であり、そのことが〝減思力〟を防ぎ、判断力・批判力を育むことであると、子どもたちに伝えています。

6　情報の公平性の確保における課題

(1)「加害－被害の問題構造」における課題

第2節で教育における情報の公平性について取り上げた際に、ジョン・ロールズの『正義論』を巡る議論に言及したように、公平性の確保にも注意が必要です。たとえば、平和教育において核兵器を取り扱う場合、公平性の確保を優先すれば、核の悲惨さという否定的側面だけでなく、「核の傘」としての肯定的側面も公平に扱うべきだとなるでしょう。「核の傘」を扱うことで、核をめぐる構造を理解することができますが、これをたとえば広島、長崎における平和教育でも公平に扱うことは、適切であるとは筆者には思えません。いわば、「公平性を確保することによる暴力性」といったものがありえます。

その際に考慮しなければならないのは、「加害―被害の問題構造」です。加害者と被害者がいる問題について扱う際には、加害者に加担したり、被害者に追い打ちをかけたり、責任転嫁したりするような内容は公平（公正）ではなく、倫理的にも問題があると言えます。

また、原発事故が起きたときの避難方法に関する教育についても、注意が必要です。原発事故時の避難方法について教えることは、「原発の再稼働」を前提にしたものであるので、教えるべきではないといった批判もあります。筆者は、現実に日本には廃炉になっていない原子炉があり、再稼働の可能性がある以上、福島の教訓を踏まえた避難の方法や心構えを教育内容として伝える必要はあると考えています。しかし、このような教育が、原発事故の際に政府や電力会社が守れない部分を住民側の責任に任せてしまおうという、加害者側にとって都合のよい「共同管理」(Ribault, ２０１４)[14]の概念として使われていないかについて、同時に注意する必要があるでしょう。バランスをとるには、「原発の再稼働」を前提とした内容だけではなく、「原発をやめること」を前提とした内容も同時に扱う必要があると考えます。

（２）福島県における原子力・放射線教育における課題

福島県における原子力・放射線教育では、さまざまな問題や課題が指摘されています。２０１３

年12月に筆者の研究室で実施した、福島県内の中学校理科教員を対象としたアンケート[15]では、約8割の教員が不安を感じていると回答し、その理由として「放射線被ばくの健康影響に関しての公平性（楽観派と慎重派など）を確保することが難しい」「原子力・放射線に関しての知識が足りない」「正解のない事柄を教えるのが難しい」などが多く選ばれました。幅のある事項や不確実な問題の扱いについて、公平性を確保することが難しく、不安に感じる教員が多いことがわかります。

一方、「授業で使用している資料」については、文部科学省の2011年版副読本が最も多く、次いで福島県教育委員会の指導資料であり、福大研究会版副読本は相対的に少ない数しか使用されていませんでした。これは、現場の先生方にとっては、国や県によってオーソライズされたものが採用しやすいことを意味していると考えられます。文部科学省の副読本に対抗し、公平性にも配慮して独自の副読本を作成してきた筆者らにとっては残念な結果でしたが、これを現実として受け止め、それを踏まえた対応もしていかなければならないと考えます。

現実的な対応の1つとして考えられるのが、文部科学省の2014年版副読本や福島県教育委員会の指導資料第3版における「未記載キーワード」の例示です。図③は、「原発事故と被害」「事故対応」「放射線防護や人権擁護」「原発についての社会的意思決定」の4つの領域に主に該当するキーワードで、文部科学省の2014年版副読本と福島県教育委員会の指導資料第3版の本文に未記載のものを例示しています。キーワードの選定にあたっては、原発事故の事実と教訓について学ぶこと、公平性を確保すること、人権教育の視点を重視すること、を考慮しました。このような未記載キーワードを見ることにより、教材をそのまま使うだけでは何を教えることができないかが認識し

文部科学省 2014 年版副読本に未記載（……… 線）　福島県教育委員会指導資料第 3 版に未記載（═══ 線）

主に原発事故と被害に関すること	ホットスポット 甲状腺がん	炉心溶融（メルトダウン） 震災（原発事故）関連死 実害（汚染被害）	ベント 加害（者）	汚染水
主に事故対応に関すること	モニタリングポスト 放射性廃棄物	SPEEDI 中間貯蔵施設 国会事故調	オフサイトセンター 最終処分場 規制の虜	
主に放射線防護や人権擁護に関すること	県民健康管理調査 権利	放射線管理区域 人権（の）回復 国連人権理事会	安定ヨウ素剤 子ども被災者支援法	
主に原発についての社会的意思決定に関すること	意思決定 再稼働 批判 反対　責任	日米原子力協定 原発推進 脱原発（反原発・原発に依存しない） 賛成	公平性 教訓 原子力ポスターコンクール 是非	

図③　文部科学省「2014 年版副読本」と福島県教育委員会「放射線等に関する指導資料（第 3 版）」における未記載キーワードの例

やすくなると考えられます。

「炉心溶融（メルトダウン）」「オフサイトセンター」「震災（原発事故）関連死」「放射線管理区域」「安定ヨウ素剤」「子ども被災者支援法」「教訓」「是非」といったキーワードが、どちらの教材にも載っていないのは、筆者からすれば信じがたいことです。このような教材から、福島第一原発事故の本質的な教訓を学ぶことができるのか、疑問が残ります。

ただし、このような指摘は、筆者の主観に拠るところも大きいため、図③はあくまで例示として説明するにとどめます。これらの教材を使用する先生方や子どもたちには、このような未記載キーワードが他にないかを意識することで、書かれていない内容にも注意を向けながら使ってほしいと思います。

（3）ESDの文脈における課題

ESDとして原発教育を扱うことで、たとえば「人権」や「社会的正義」の視点からも問題を捉えることができます。原発事故が人災であり、「加害―被害の問題構造」がある以上、被害者の人権を守るためにも、人権教育の視点は当然必要となります。すでにその観点から著された書籍もあります[16]。

福島第一原発事故後に行われている放射線教育について、人権教育の視点が重要であることは、環境教育の分野でこれまで議論されてきた、教育内容の焦点に関する議論と対比させることで、理解しやすくなるでしょう。環境教育の分野では、「環境についての（about）教育」（環境についての事実や概念を教えること）、「環境を通しての（thorough, in）教育」（自然の中での体験学習）、「環境のための（for）教育」（環境についての疑問や問題を積極的に解決する取り組みについて教えること）などが行われていますが、より重要なのはどれなのかについて議論されてきました[17]。環境問題の解決を重視する立場からは、社会批判的指向性の強い「環境のための教育」こそが重要とされており、筆者も同じ立場です。

この分類を、福島第一原発事故後の放射線教育に当てはめれば、次のように捉えることができるでしょう。

「放射線についての（about）教育」

「放射線被曝を通しての（thorough, in）教育」

「脱被曝、人権回復のための（for）教育」

国や福島県が進める放射線教育の中心的な内容は、「放射線についての教育」と「放射線被曝を通しての教育」と言えます。それは、国の副読本や福島県教育委員会の指導資料に、放射線管理区域や避難指示区域の線量基準について書かれていないことからも裏付けられます。これらの情報は、一般公衆の追加被曝線量（医療除く）限度を超えて被曝させられる可能性がある場合の人権侵害に気づくうえで必要な情報であり、それを学べなければ、脱被曝のために避難する権利なども奪われてしまうからです。より重要で、とくに福島県の子どもたちに必要なのは「脱被曝、人権回復のための教育」であり、それを学ぶことができる教材こそが求められていると言えます。

7　おわりに

本稿では、「原発教育に関する情報の公平性」について、ESDの文脈を踏まえて論じてきました。日本の国の原子力・放射線に関する副読本では原発の推進側に情報が偏っているという不公平性の問題があること、そのような公的な教材において公平性を確保することが必要であること、公平性の確保はESDにおいて重視されている批判力の育成とも密接に関連すること、ただし、公平性を確保する際は「加害―被害の問題構造」に注意すること、などを指摘しました。

教育における情報の公平性を確保していくことは、その厳密な定義が難しいことも含めて、困難な道のりです。しかし、福島第一原発事故の事実と教訓に真摯に向き合うならば、教育関係者にも不断の努力が求められていると言えますし、筆者も継続して取り組んでいきたいと考えています。

【注】

（1）Chambers, N., Simmons, C. Wackernagel, M., 2000. Sharing Nature's Interest: Ecological Footprints as an Indicator of Sustainability. London: Earthscan Publications Ltd.

（2）後藤忍（2012）「公平性を欠いた原子力教材による洗脳に抗するために」、岩波書店雑誌「科学」、2012年8月号（通巻960号）、822〜824ページ

（3）ユネスコのESDウェブサイト（http://www.unesco.org/new/en/education/themes/leading-the-international-agenda/education-for-sustainable-development/　最終閲覧日2015年1月5日）

（4）福島大学放射線副読本研究会監修・後藤忍編著（2012）「放射線と被ばくの問題を考えるための副読本〜〝減思力〟を防ぎ，判断力・批判力を育むために〜」（改訂版）、福島大学環境計画研究室、ダウンロード用ウェブサイト（https://www.ad.ipc.fukushima-u.ac.jp/~a067/index.htm）

（5）福島大学放射線副読本研究会監修・後藤忍編著（2013）『みんなで学ぶ放射線副読本――科学的・倫理的態度と論理を理解する』合同出版

（6）後藤忍（2013）「大学教員の社会貢献活動として何ができるか－福島大学放射線副読本研究会」福島大学原発災害支援フォーラム［FGF］×東京大学原発災害支援フォーラム［TGF］『原発災害とアカデミズム――福島大・東大からの問いかけと行動』合同出版、105〜139ページ

（7）後藤忍（2013）「原子力に関する副読本の比較〜日本とドイツ〜」福島大学地域創造、第25巻1号、65〜74ページ

（8）菅原百合子・後藤忍（2013）「原子力と放射線に関する副読本の内容分析」福島大学共生システム理工学類 卒業研究、環境計画研究室

（9）福島県環境創造センター整備推進室ウェブサイト（https://www.pref.fukushima.lg.jp/sec/16035d/　最終閲覧日2015年1月5日）

（10）原発災害情報センター、アウシュビッツ平和博物館ウェブサイト（http://www.am-j.or.jp/schedule/120906.htm　最終閲覧日２０１５年１月５日）
（11）後藤忍（２０１３）「判断力・批判力を育む環境教育の必要性」日本環境教育学会編『東日本大震災後の環境教育』東洋館出版社、96〜１０３ページ
（12）後藤忍（２０１３）「こころのケアとしての、〝減思力〟の防止――「放射線と被ばくの問題を考えるための副読本」をつくって」精神医療、72号、41〜50ページ
（13）いわきの初期被曝を追求するママの会「いわきの教育現場で何が起こっているか…１」２０１３年２月19日（http://iwakinomama.jugem.jp/?page=2&cid=4　最終閲覧日２０１５年１月５日）
（14）Thierry Ribault（２０１４）Cogérer les dégâts, digérer le désastre et expulser la vérité, Cogérer les dégâts du désastre nucléaire de Fukushima（２０１４年11月26、27日にフランスのリールとパリで開催されたシンポジウム）
（15）飯野里美・後藤忍（２０１４）「東京電力福島第一原発事故前後の福島県における原子力および放射線教育の実態と課題〜中学校理科教員へのアンケートから〜」福島大学共生システム理工学類 卒業研究、環境計画研究室
（16）福島県教職員組合 放射線教育対策委員会・科学技術問題研究会編著（２０１３）『子どもたちのいのちと未来のために学ぼう 放射線の危険と人権』明石書店
（17）ジョン・フィエン著、石川聡子・石川寿敏・塩川哲雄・原子栄一郎・渡部智暁訳（２００１）『環境のための教育―批判的カリキュラム理論と環境教育―』東信堂

第2部　全国での授業・取り組み

第5章　「原発・エネルギー」を学生とともに考える
——神戸女学院大学・石川康宏ゼミの取り組み

石川康宏

1　基本をつくった「慰安婦」問題での学び

私が担当する3・4年ゼミは、2012年度から「原発・エネルギー」問題をテーマとしています。2年間同じ教員が担当し、4年次には卒業論文を書く場ともなるゼミですが、ここでは3年次の学びについて報告します。

最初に、私のゼミの歴史についてです。私が神戸女学院大学（創設は神戸ですが、現在は西宮にあります）に赴任したのは、1995年、阪神・淡路大震災の年でした。それまでは京都大学の大学院で経済学を学んでいました。赴任後の最初の時期のゼミのテーマは「日本経済と女性」といったもので、女性の雇用・労働条件を大きな話題とするものでした。それを2004年から日本軍「慰安婦」問題に変更し、2012年からは原発・エネルギー問題に転換しています。こういう大きなテーマの変更が可能だったのは、リベラル・アーツを掲げる大学全体の姿勢や、学科のあり方によるところも大きかったと思います。

現在のゼミ運営の原型をつくったのは、2004年からの「慰安婦」問題での学びでした。試行錯誤はありましたが、これは結局、次のような形にまとまります。
①毎週1回のゼミは、火曜日の午後およそ5時間かけて行っていく。
②問題をめぐるさまざまな意見に目配りをする。まったく相反する主張の文献をテキストとして取り上げる場合もある。
③文献や史料の他、「慰安婦」被害者や元日本兵の証言、戦争の記録など多くの映像を活用する。
④フィールドワークを重視する。その1つは、1泊2日での東京旅行で、日本唯一の「慰安婦」問題専門の資料館である「女たちの戦争と平和資料館」、明治以降のすべての戦争を正義の戦争とする「靖国神社・遊就館」、重い障害を負った日本兵の戦後を記録する「しょうけい館」などを見学する。
⑤「夏休み」に3泊4日で韓国視察旅行を行う。「ナヌムの家」で「慰安婦」被害者の証言をうかがい、交流する。「日本軍『慰安婦』歴史館」、3・1独立運動の発祥の地である「タプコル公園」、日本政府に問題の誠実な解決を求める「水曜集会」、植民地支配の歴史を残した「西大門刑務所」などを見学する。
⑥学びの成果を書籍にまとめる。『ハルモニからの宿題』(冬弓舎、2005年)、『「慰安婦」と出会った女子大生たち』(新日本出版社、2006年、韓国語版・2008年)、『「慰安婦」と心はひとつ　女子大生はたたかう』(かもがわ出版、2007年)、『女子大生と学ぼう「慰

安婦」問題』（日本機関紙出版センター、２００８年）、『「ナヌムの家」にくらし、学んで』（同前、２０１２年）を出版。

⑦学外からの求めに応じて講演を行う。これは直接的なゼミの取り組みではなく、その延長線上の活動です。学びの様子を学生自身の口から聞きたいという依頼に、多くの学生が応え、第一次安倍政権の頃には年間30回を大きく超えていました。

⑧メディアからの取材に応じていく。これもなかば延長戦上の取り組みです。水曜集会の現場での韓国のテレビ局による取材、学生の講演に対する日本のテレビ局や新聞社の取材、新聞社によるゼミ訪問などに応じてきました。

2　２０１２年ゼミ――原発・エネルギー問題への転換

２０１２年から、ゼミのテーマを原発・エネルギー問題に転換しました。きっかけは東日本大震災とそれにともなう福島第一原発の事故、深刻な原発被災の広がりを目の当たりにしたことでした。「慰安婦」問題は、さいわい他の授業で取り上げることができましたので、ゼミのテーマを思い切って転換しました。転換の理由の1つには、被災を「遠くの出来事」としか受け止められずにいる学生たちの様子に感じたもどかしさもありました。

それまで私は、原発・エネルギー問題について、まとまった勉強をしたことがあるわけではありません。学生と一から一緒に学んだというのが実状です。しかし、「慰安婦」問題に取り組んだ時もそうでしたから、何とかなると思っていました。その結果、ゼミでの私と学生の関係は、「教える↓教えられる」という一方通行にはなりえず、「ともに学び、ともに考える」というのが基本になりました。

2012年の3年ゼミ（15名）は、文字どおりイロハのイからの学びです。「放射線とは」「なぜ日本は原発大国に」「事故の内容は」「再生可能エネルギーって」「被災者の生活は」など、手あたり次第に学びました。映像も多用しました。NHKなどの番組を録画し、次々に授業で見ていきました。テキストや映像への疑問を出し合い、学生たちで分担して、翌週までに調べてくるという形でこれを深めました。

6月には1泊で福井県へ行きました。福井県は、福島県を上回る日本最大の原発密集地です。大学から一番近い大飯原発は、直線距離で80〜90㎞しか離れていません。私には「福島へ行かなければ」という気持ちがありましたが、「何をどう見ればいいのかわからない」ことによる迷いもありました。その中で、学生たちが「自分たちの足元を確かめたい」と福井県を選んだのでした。

美浜町で原発反対の取り組みを進めてきた松下照幸さんや、小浜市で取り組みを進められている中嶌《なかじま》哲演さんからお話をうかがい、関西電力の原発PR施設である「エルガイアおおい」や美浜原子力PRセンターを見学しました。

夏休みには「福島へ行こうか」ということで、早くからスケジュールをあけていた4日間がありました。相談の結果、これを出版の準備に費やすことになり、3日間、お昼から晩までディベートを行いました。放射線の危険性、福島の事故の深刻さ、事故が再現される可能性、再生可能エネルギーの実用性など、学生が決めたテーマごとに、それぞれ両極の意見を担当してのグループ同士での対論です。その後には、将棋の「感想戦」のように、自分たちの主張の弱点をさらしあうこともしていました。

後期の授業は、本づくりのみに集中しました。それを通じての学びの深化です。自宅で書いてきた原稿を、ゼミの時間に点検します。12月にはこの作業に一段落をつけました。これは『女子大生のゲンパツ勉強会』（新日本出版社）というタイトルで、２０１４年1月に発行されました。

この本には、学生たちの座談会「じっくり学んだら見えてきたもの」が収められています。学びや育ちの様子を、学生自身がふり返ったものです。内容を紹介してみます。

「1　基本がわかってなかった――学び始めた頃」では、このゼミに入った理由について、①東日本大震災に衝撃を受け、日本人として「考えないとダメ」だと思った、②2年生の時に石川の講義で原発事故のこわさを知った、③事故直後の専門家による「大丈夫」発言が信用できなかった、④ゼミ選択の面接で見たスライドが衝撃的だった、といった声があげられています。

１冊目の本

春休みの課題としての4冊の本をスタートに、その後のゼミで学んだことの内容については、①最初はメルトダウンって何、半減期って、ベクレル、シーベルトって、というレベルから、②内部被爆のこわさ、③アイゼンハワー政権による「原子力の平和利用」政策、④電力会社が政治や経済に強い影響力をもっていたこと、⑤使用済み核燃料の廃棄方法が決まっていない、⑥危険で進まないプルサーマル計画、⑦住民の被曝、復旧作業員の被曝が心配、⑧ヨーロッパで行われる再生可能エネルギーの利用がなぜ日本でできない、⑨デンマークやドイツと日本での市民の意識の違いなどを、とくに印象に残ったこととしてあげています。

半年ほどの学びで何が変わったかについては、①代替エネルギーを考えないと原発はなくならない、②事故が起これば自分たちの生活が破壊される、人ごとではない、③原発立地地域の雇用や経済を考えないと、④他人まかせでなく自分で考える、などをあげています。

「2『地元』のインパクト――若狭に行って」では、福井県でのフィールドワークをふり返り、①そもそも原発の数を調べて驚いた、②40年も反対運動をしてきた努力にびっくり、③関西電力の職員さんの話も楽しみだった、④小さな町に不似合いな巨大施設に原発マネーを実感、⑤地元で反対することの大変さを肌で感じた、⑥お金と権力で地域が抑えこまれている、といったことを話し合っています。

中でも、中嶌さんからうかがった「消費地元」という言葉が強く印象に残りました。原発の「地元」には「立地地元」の他に「被害地元」と「消費地元」があり、「あなたたち大阪や神戸の人こそ、福井県の原発がつくる電力の消費者で、直接の当事者なんだ」といわれたのです。これには、①すごく響いた、福井の原発は自分たちの問題、②私たちが変わらないと、③長く反対運動をさせてしまい、申し訳ないと思った、などを語っています。

関西電力の施設で職員の方の話をうかがったところでは、①あそこだけ大きなピカピカの施設、

②職員さんに言い返せないのが悔しかった、③「核燃料はリサイクルできます」に「うそつけ」って思った、などの言葉も交わされました。

他に福井旅行全体をふり返った感想として、①原発反対も推進もどちらもリアルな話が聞けてよかった、②もっと深く学ばないといけない、③ゼミ旅行でみんなすごく仲良くなった、といったことが語られました。

「3『伝えること』を考えて」では、どうして本をつくろうと思ったのかが話し合われています。①本をつくりたいという思いが強くなったのは福井旅行から、②旅行から帰った時にバイト先の人と知識や考え方の差が大きくて、③福井県に焦点をあてたかったし、テレビの原発報道が減っていることも気になった、④意見を整理するのにディベートが有効だった、客観的な資料を示して、論理的にやらないと、⑤原発輸出の報道に驚かされた、など。

まわりの学生に伝える取り組みについては、①大学祭の企画に学生が誰も来てくれなかった現実、ビラも受け取ってくれなかった、②原発反対は就職活動で口にできないといったまわりの声も、③でもアンケートをしてみると「関心がある／とてもある」が68％になった、といったことが紹介されています。

3　2013年ゼミ——はじめて福島県に足をはこぶ

2013年の3年ゼミは、7名でした。毎回5時間のゼミで、テキストと映像を活用し、前年と同じような学びを重ねていきました。違っていたのは、「福島へ行く」ということが、早い段階で決まっていたということです。福島大学の丹波史紀先生に無理を言って、何をどういうふうに見るべきかを考えてもらいました。

教室でも学びの焦点を「原発被災地の実状」にあてるようにしていきました。７月には日帰りで福井県へ行き、前年同様、中嶌さんのお話をうかがい、敦賀原子力館を見学しました。

この学年もすでに、福島での学びをまとめた『女子大生　原発被災地ふくしまを行く』（かもがわ出版、２０１４年）を出しています。先ほどと同じように、そこにある座談会から学生たちの声を紹介してみましょう。９月11日から14日までの旅行のスケジュールは、おおよそ次のようなものでした。

現４年ゼミ生の本

〔11日〕朝８時35分に大阪空港を出発、９時40分に福島空港に到着。ＪＲで福島大学へ。お世話になるみなさんにご挨拶し、学食で昼食。この時点で、ここまでマスクをした人に会っていないことに気づく。１時から丹波さん「原発被災の現状と復興の課題」をうかがう。６時には福島市内のホテルに到着。７時から福島大学や浪江町の教職員のみなさんと食事をしながら交流。

〔12日〕９時にはホテルを貸し切りバスで出発。福島市から川俣町、飯舘村、南相馬市を通って浪江町へ（浪江町は13年３月末まで避難

指示区域に指定され、この時も、限られた時間の立ち入りが一部地域に許されているだけでした）。12時には復興推進課の小林直樹さんから「町の状況と復興の課題」についてうかがう。途中、渡邉文星・副町長によるご挨拶と訴えも。2時から除染した土の仮置場、津波被害の大きかった請戸《うけど》地区などを見学（震災直後から復興の手が入っていませんから、陸の上に船がたくさんころがっています）。3時には放射性物質の付着を確かめるスクリーニングを受け、6時に宿泊先の飯坂温泉にもどりました。

〈13日〉9時に出発し、福島大学へ向かいます。10時から石井秀樹さん（福島大学うつくしまふくしま未来支援センター）から「食と農の再生に向けて」のお話をうかがいました（放射性物質とは何かというお話もていねいに）。12時半には学食で昼食。2時前から伊達市に向かい、稲の試験栽培地や関連の研究室を見学。5時には飯坂温泉の宿にもどりました。

〈14日〉午前中は自由時間とし、学生たちは福島市内の果樹園にお邪魔しました。私は県内の政治について知りたく思い、共産党の福島県本部を訪ねています。1時半には福島市を出て、郡山からバスで福島空港に向かい、4時40分に離陸、5時50分に大阪空港着、そして解散となりました。

座談会で学生たちは、次のように話し合っています。

「1　被災と復興の状況をうかがって」は、初日の丹波さんのお話についての話し合いです。①被災者はみんな「仮設住宅」に住んでいると思っていた、「借り上げ住宅」を初めて知った、②家族がバラバラになるのは本当にショック、③指示避難、自主避難、風評被害など被災者はとても多様、④賠償金の違いが、被災者間の摩擦や対立を生むということにも驚いた、⑤関西のメディアは何も伝えていない。

「2　全町避難の浪江町に入っていく」では、①バスでの移動の途中にプレハブの合同仮設校舎を見つけ、子どもたちの気持ちを思って複雑な思いがした、②飯舘村で急に線量が上がった、見えない放射線に人の生活圏が区切られることの不思議を実感、③浪江町は2011年3月11日から時が止まったまま、④「突然すべてを失うことが想像できますか」という副町長の言葉がとても重く感じられた、⑤町民の中にも意見の対立があるが、その原因をつくったのは原発被災、⑥「避難は新しい災害の始まり」、震災関連死がつづくのは政治や社会の問題、⑦復興について子どもの意見をアンケートでまとめた役場の姿勢は立派、⑧津波に打ち抜かれた請戸小学校の青空が悲しかった、⑨小学校の目の前に福島第一原発が見えて、気持ちの整理がつかなかった、⑩本当に同じ日本なのかと、など。

「3　福島の食と農をうかがっていく」では、①食品の安全管理の徹底ぶりに驚かされた、それまでは不安に思っていたが、②直前に安倍首相がオリンピック招致の演説で「東京と福島は離れている」と言ったことに憤りを、③農家の方と協力して地域を再生しようとする先生方の努力に感激。

「4　果樹園のみなさんの努力と温かさ」では、①「美味しいと食べてもらえる当たり前のことが嬉しい」という言葉が心にしみた、②風評被害に負けずにがんばる姿勢はすばらしい、③またあの果樹園に行きたい、など。

「5　旅行の全体をふりかえって——福島だけの問題じゃない」では、①個々の立地地域だけでなく、国全体から原発をなくす取り組みが必要、②福島だけの問題じゃない、汚染地域は事故当日の気象に大きく左右されたし、地震も今後どこで起こるかわからない、③福島はとても広くて一括りにできない、④知ったことを少しでも多くの人に伝えたい、⑤「福島」と呼ぶことで問題を福島だけが抱え込まされているように思う、⑥人間関係や人々の生きがいなど、事故が目に見えないものをたくさん壊していることがよくわかった、などの感想を交しています。

この学生たちの卒業論文のテーマは「再生可能エネルギーの普及のために——全量買取制度の検討」「国の復興政策と被災地の実状」「日本の原子力政策と日米関係」「原発輸出と日米合弁企業」「中国の電力事情と原発」「インドにおける原発と原爆」「避難指示区域での窃盗事件の特徴」「原発を拒絶した和歌山の市民運動」などとなっています。

4　２０１４年ゼミ——原発と核兵器の関係をテーマに

２０１４年度の３年ゼミ生は11名です。この学生たちは、ゼミの先輩が本を出していることを知っており、「私も本をつくりたい」「福島にいきたい」という希望を持って集まってきました。この学年は「原発と核兵器」をテーマにしています。

こうしたテーマを設定したねらいは、①核兵器使用へのアレルギーを抑えることを目的に、「原子力の平和利用」政策にもとづいて日本に大量の原発が持ち込まれた、②使用済み核燃料から抽出されるプルトニウムは原爆の材料になるが、そのため日本の原発政策はアメリカの原子力（核兵器＋原発）政策の管理下にある、③最近の日本企業による原発輸出も、同じようにアメリカの管理下にある、④日本の原発政策にも、核兵器の「潜在的」保有を維持する意図が組み込まれている、⑤放射線の人体への影響を考える時、広島・長崎での被爆（曝）を参考にせずにおれない、などの問題を視野にふくめてのことです。

教室では、原爆の投下や被爆（曝）の実相、被爆（曝）者の戦後に焦点をあてた映像もかなり見ました。ただし、このテーマは、学生が1年で学ぶには、いささか欲張りすぎだったかもしれません。

7月には、広島に行ってきました。1泊の旅行で、広島県原爆被害者団体協議会の大越和郎さんから被爆体験を中心としたお話をうかがい、広島県原水爆禁止協議会の高橋信雄さんからは原水爆禁止運動の現状についてのお話をうかがいました。広島平和記念資料館や原爆ドームの解説、周辺の碑めぐり、旅行全体の企画などは広島中央保健生活協同組合の二見伸吾さんにお願いしました。学生たちには、いろいろな発見や驚きがあったようですが、とくに原爆が爆風と高熱だけでなく、放射線によって人を殺す武器だということについては、新たな憤りを覚えていたようです。

9月には、福島県にも行ってきました。そのときのスケジュールは、次のようになっています。

〔8日〕大阪空港から、9時には福島空港に到着。貸し切りバス（4日間すべて）で、2012年1月に村長が「帰村宣言」をした川内村へ。誘致された「コドモエナジー」の工場を見学し、食事の後、今年も福島大学の丹波史紀さんから「原子力災害の被災の実態と課題」についてのお話をうかがう。つづいて村の除染廃棄物の仮置場を見学し、さらに商工会議所の方に「村の見どころ」を案内していただきました（汚染により観光資源としての力を失っている現場ということです）。夜は村の民宿に泊まりました。

〔9日〕9時には川内村を出て、線量の高い「帰還困難区域」を避け、ぐるりとまわって浪江町に移動します。町役場で12時半から、復興推進課の蒲原文祟さんのお話「浪江町の現状と課題」をうかがいました。前年にお世話になった小林さんも同席してくださり、津波被害の大きかった請戸地区、前年にはなかったガレキの仮置場、稲作の実証実験場、列車が復旧していないJR「浪江駅」の周辺などを見せていただきました。町役場にもどって意見交換を行い、5時に浪江町を出て、6時前に南相馬市の宿に到着しました。

〔10日〕8時半に宿を出て、福島県立高等学校教職員組合の大貫昭子さんと合流しました。大貫さんのご案内で、9時半には殺処分の指示に抗して牛を飼育している「希望の牧場」で吉沢正己さんのお話をうかがいました。大貫さんが勤められていた学校の脇を抜け、1時からNPO法人「野馬土」で福島県水産課の平川さんと松下さんはじめ4人の漁師さんのお話をうかがいました。さらに大貫さんから学校と子どもたちの様子、先生方のご苦労について、3時からは福島県農民連の三浦広志さんから政府へのはたらきかけの様子などもうかがいました。5時半には福島市内のホテルにもどり、7時から居酒屋で少し早めの打ち上げ。その後も学生たちは、ゼミ生の誕生祝いなどをしていたようです。

〔11日〕最終日は自由時間です。学生たちは、前年にお邪魔した「野崎果樹園」を訪ね、先輩が出版した本を届けました。その後、仙台へ抜けて昼食をとり、仙台空港から大阪空港に飛んで、夜7時の解散となりました。

後期の授業では、この学年も、本づくりを進めています。２０１５年は被爆70年の年でもありますから、「原爆と核兵器」は、出版社の方には関心の強いテーマになるようです。11月には、あらためて兵庫県原水爆禁止協議会の梶本修史さんに来ていただき、「核兵器と原発」についてのお話をうかがいました。また、9月20日には学生たちが、経済教育学会全国大会の「経済教育への社会の期待」をテーマとするシンポジウムで発言しています。

5　ゼミの運営で気をつけていること

最後に、ゼミの運営にあたって、私なりに気をつけていることをまとめておきます。

1つは、私の主張を強く出しすぎないということです。教員と学生には一定の権力関係があり、私が多くを強く語りすぎると、これを無批判に丸呑みする学生が出てきますし、他方には、考える前にこれを入口で跳ね返そうとする学生も出てきます。それでは、学生が学びの主体になれません。そこで、私は、何かの結論を与えるのではなく、問いを投げることで、学生が進む道を開いていく。そういう役割を心がけています。学生たちが自分で事実を調べ、集団で検討していく時に、私は「それはホント?」「どうしてそういえる?」「こういう事実もあるよ」「両者の関係はどう?」などと問いを投げていくのです。ゼミの中での教員の役割は、学生の主体的な学びのサポーターというくらいに割り切っています。

2つ目に、そういう運営を可能にするために、どんな発言も自由にできるゼミの空気づくりに配慮しています。どんな意見も許されるというのは、あまりにも当たり前のことですが、実際に、そのことを学生たちが納得するには時間がかかります。「まわりの学生や先生の顔色を見る」という習慣を持つ学生は残念ながら少なくありません。「原発は必要悪」「資本主義で経営第一は当たり前」。そんな主張も構わないということを、体験を通じて納得してもらう必要があります。ゼミを通じて学生たちは育ちますが、育ちの出発点や到達点、道筋はみんな違っていいということです。ここでは、教室でのゼミの運営の他、ゼミコンパも大切な役割を果たします。

3つ目は、私以外の大人と接する機会をたくさんつくるということです。原発・エネルギーの問題を真剣に考え、いろいろな行動をとっている大人はたくさんいる。そのことを肌で感じてもらうということです。フィールドワークの現場では、私は、ほとんど何も発言しません。学生には、今目の前にいる人から最大限に学んでもらうということです。その結果、Aさんの話とBさんの話に食い違いがあるとか、石川と意見が違うといったことも起こりますが、それをどう整理し、消化するかも、学生1人ひとりが判断すればよいことです。翌週のゼミ、あるいは夏休みの旅行だと半月ほど後に、フィールドワークについての意見交換は行いますが、その場合にも、私の意見は、学生全員が述べる意見のなかの1つにとどまります。

4つ目は、もう少し幅の広い心がけのようなものですが、学生が自分で学び、自分から問題に向き合おうとする構えを持つまで、忍耐強く「待つ」ということです。教室で学生たちは、テキストや映像からの情報を浴びつづけることになりますが、情報を知り、身につけることと「自分から学ぼう」という姿勢を持つこととはまったく別のことです。その姿勢は「学びなさい」と100回言っても強制できるものではありません。

個々の学生について、何がきっかけで、そのスイッチが入っていくのか、そこを注意して見るようにしています。これは専門知識や技能を伝えるだけでなく、学ぶという側面から学生の人としての自立を促すということでもあります。そういう角度から考えると、テキストや映像、フィールドワーク、本づくり、講演依頼の紹介などは、いずれも学生たちに「自分から学ぶ」スイッチを入れるためのきっかけづくりとも位置づけられます。自立が進むと、教員への学生の接し方も変わってきます。「言われたとおりにやります、指示してください」式のいわば子ども段階から、「こうしたいのですが、何かアドバイスを」という大人段階に変わります。

最後ですが、私は学生たちに、社会の中で大人としての責任や役割を果たすことを求めます。これも学生の自立を促す、大切なきっかけとなるものです。社会に育ててもらう子どもから、社会を担う大人になる。そういう人としての育ちの展望の中に、「この社会のエネルギーは、どうあるべきだと思う?」「大人として、責任ある意見を述べてください」といった問いを組み入れるのです。「わかりません」「考えたことがありません」という回答には、「知識が足りない」「この本を読みなさい」という対応だけでなく、「それでは大人としての責任がはたせない」「小さな子どもたちへの大人としての責任をどう考える?」という具合に、大人への育ちの構えを刺激していくようにしていきます。こうして学生たちの自立を進めることが、学びの意欲を強め、学びの内容を深めることにもなっていると思います。

第6章 「原発事故」問題は教育プログラム化できるか
——日本環境教育学会「原発事故のはなし」授業案作成ワーキンググループの取り組み

小玉敏也

1 日本環境教育学会と原発事故

日本環境教育学会「原発事故のはなし」授業案作成ワーキンググループ（以下「授業案ＷＧ」）は、原発事故を教育の問題として受けとめ、現世代及び次世代にどう伝えていけるか考え続けてきました。筆者は、このＷＧに３年間関わってきた者として、これまでの取り組みの内容を報告しつつ、原発事故を教育プログラム化することの意義について考えていきたいと思います。

同学会は、研究発表と交流という学会本来の活動に邁進してきましたが、社会的な課題に絞って長期的な活動に取り組むことは異例のことであり、他の学会でも例を見ません。

なぜ、この学会が「原発事故」問題に関するＷＧを立ち上げたのでしょうか。その背景には、日本の環境教育が、学会創立当初より「自然」を対象にしてきたことがあります。このことが、事故後の学会に大きな2つの波紋を投げかけることになりました。

1つは、広範な放射能汚染によって、学会が大切にしてきた「自然体験」「生物多様性」「環境保全」「持続可能な地域づくり」などのテーマを議論することが大変難しくなってしまったのです。3・11以前の学会は、それらの要素を「当たり前のもの・こと」として研究してきましたが、その前提や条件までが破壊されることを想定していませんでした。もう1つは、「自然」に関心を向けるあまり、「エネルギー」「原子力発電」に関して十分な研究をしてこなかったという反省です。とくに「原子力発電」は、チェルノブイリやスリーマイル島での事故が起こり、大規模な環境破壊が報告されていたにもかかわらず、学会内で議論されることはほとんどありませんでした。また、原子力発電のあり方についても、賛否が分かれることから活発に議論されてこなかったと言えます。

つまり、原発事故は「気づいていたのに見過ごしてきた」「見えていたのに見ないふりをしてきた」学会の姿勢をするどく問いかえし、根本的な反省を迫ったのでした。事故直後の、「何をしていいかわからないけれど、何かを始めなければ」という焦りと後悔が入り交じった問題意識が、現在にも続く授業案WGの原点だと言えます。

2 授業案WGの活動

では、本学会の授業案WGとは何を目的としたグループで、どのような活動をしてきたのでしょうか。

授業案WGとは、「原発事故の事実を正確に伝え、問題の解決をともに考える教育プログラム」

を作成するグループです。２０１１年から約３年間で計３種類のプログラムを作成し、学会内にとどまらず広く社会に発信してきました。その構成メンバーは、小中高校・大学の教員、大学院生、企業関係者、研究機関職員、原発設計技術者、フリーライター、臨床心理士など、多種多彩な人が参加し、作成するプログラムの内容によってメンバーの入れ替わりがある柔軟なグループとして継続してきました。

以下、このユニークなＷＧの歩みを紹介していきましょう。

(1) ＷＧ成立の経緯

ＷＧが始まったのは、２０１１年以前から福島県飯舘村とつながりがあった１人のメンバーが、事故直後に１通のメールを受け取ったことがきっかけでした。それは、福島県から避難した子どもが、避難先の学校で放射能汚染を理由に「いじめ」を受けているので、正しい放射線被曝についての教育を広げてほしいというものでした。

その時期、同村の１９５名の小中学生は全国の学校に避難をしており、マスコミが同様のニュースを報道していたことから、放射能汚染による「いじめ」問題の解決は急を要する重要な課題でした。そこで、２０１１年４月に有志の会員（小・中・高校・大学教員・大学院生など）が集まり、飯舘村からの要請にどう応えるか定期的に協議することになりました。これが、現在に至るＷＧの母体で第１期のメンバーです。

しかし、メンバーの誰ひとりとして原発や放射線の専門家などいません。何をしたらよいか迷いつつも、WGは小・中・高の各学校で活用できる授業案を作成することを決めました。これを当面の目標にしましたが、「いじめ」問題の解決を通して被災地・被災者を支援したいという思いが強かったので、メンバー間で1つの理念を共有することにしました。それは、「**悲しみを分かち合う**」という言葉です。当時をふりかえれば、積極的に何かをしたいという気持ちだけでなく、事故後の精神的なショックから、やり場のない怒りと悲しみを含む複雑な心情があったと思います。

(2)『原発事故のはなし1』

2011年7月にできあがったのは、小中学校が道徳で、高等学校がホームルームで活用できる授業指導案でした。小学校は自作教材の『太郎君の悩み』(公正・公平)、中学校は新聞資料を活用した『「放射能怖い」福島からの避難児童に偏見』(思いやりの心)、高等学校は自作教材の『エネルギー政策についての議論をはじめよう! その前に福島の人々のことを胸に刻む』の3種でした。

作成した教員は、環境教育が専門でしたが、道徳やホームルームに関心が高いわけではなかったので、できあがった授業案が、その道の専門家から見れば不十分なものであったことは間違いありません。しかし、第1期メンバーは、このプログラムを作成するだけでなく、自分の学校で実践し公開することによって検証しました。当時小学校教員だった筆者は、『太郎君の悩み』の公開授業を実施しましたが、授業後に「被曝した友達が転校してきたら、もしかすると自分も差別していたかもしれない」「こんな授業を受けられてとてもよかった。でも、全国の学校で行われないと意味がない」と書く子どもの感想がとても印象に残りました。

当時、これらの取り組みに対する関心は高く、複数の報道機関が小学校と中学校の授業を記事にして広げてくれただけでなく、学会本部でもウェブサイトにアップして広く社会に発信しました。現在、この『原発事故のはなし1』は、中国語、韓国語、英語、スペイン語・デンマーク語に翻訳され世界に発信されており、2015年1月現在で約1万5000のアクセス数を記録しています。しかし、同時にWGの課題が浮かび上がりました。それは、この授業案が学校現場でほとんど広がらなかったということです。もちろん、WGのPRの仕方や授業案そのものに原因があったのかもしれませんが、なにより全国の学校が学習指導要領に基づいた教育課程に沿って授業を行っているために、新たな授業案を試すゆとりがなかったのでしょう。また、「差別」を受けたかもしれない福島出身の子どもたちに、どれだけ貢献できたか目に見えてわからなかったことが、なにより残念でした。

(3)『原発事故のはなし2』

翌年の2012年3月には、『原発事故のはなし2』を作成しました。その内容は、小学校高学年を対象に、社会科(「電気に頼った生活を考える」)、家庭科(「つながりマップを作ろう」「『ぽかぽか(冷え冷え)ビンゴ』をしよう」、総合的な学習の時間(「東北の子どもたちは、今」)の計4本、中学校・高等学校の理科(「未来のエネルギー政策について考えるシナリオワークショップ」)の1本からできています。

前年度の反省から、学校で活用できる教科を広げようと考えて作成したものですが、この年から授業案ではなく「プログラム」と呼ぶことにしました。それは、環境教育に「学習者の主体的な参加」「対話と協働」「学びの共有」といったボトムアップ的な学び方を大切にしてきた歴史があったからです。それを尊重するときに、従来の学校教育で使われていた知識教授型の授業指導案ではWGのオリジナリティを十分に発揮できないと考えたのです。したがって、5本のプログラムは、ワークシートやゲーム、アクティビティなどの諸資料を活用することが前提となっています。

第2期のメンバー間で協議するうちに、WGの方向性も少しずつ見えてきました。それは「**あの事故を忘れない**」というシンプルな理念のもとで、プログラム作成を通じて「**事実を伝え、ともに考える**」姿勢を貫くということです。では、「事実」とは何でしょう。それは、①原発事故で、福島県の多くの地域が放射能に汚染されたこと、また日本の広い範囲にも放射能汚染が広がったこと、②事故で出された放射能は世界各地にも広がっていること、③福島県を中心に、たくさんの子どもを含む住民が避難しなければならなかったこと、そしてまだ帰れるめどが立っていないこと、④原発事故から、食べ物が放射能に汚染されていないか不安に見られ、とくに東日本の農作物・水産物が売れなくなっていること、の4点に絞りました。また、「ともに考える」とは、①原発事故の対応をどう引き継いでいくのがいいか、②除染した放射性廃棄物をどこで保管していくのがいいか、③エネルギーをどうしていくのがいいか、の3点です。また、事実をともに考える際の「学びの視点」も考えました。それは、①大きなエネルギーと小さなエネルギー、②誰かが恩恵を受け、誰かが負担を受け止める、③豊かさとは、幸せとは、希望とは、という視点です。

「原発事故」問題を考えることは、当然「原発を将来的にどうするか」という現実的な問題にもつながり、最終的には「原発の是非」といった厳しい問いに直面することになります。もちろん、それは非常に重要で、第2期メンバーでも率直に議論しました。しかし、わずか10人ほどのメンバー間でさえ、原発に対する考えには幅があることがわかりました。もしかすると、この多様な意見があるWG自体が現実社会の縮図ではないかと考え、それなら「**事実を教え、ともに考え続けること**」自体は、全員で一致できると判断しました。原発に対してどのような考えを持っていようと、福島県を中心とした地域に大規模な被害が存在し、完全に解決するには気が遠くなるような時間と労力が必要だという「事実」は、誰も否定することはできないのです。

このプログラムは、作成者が実践することはもちろん、学会の大会や集会などを通じて広めてきました。それと並行して、第2期メンバーは２０１２年8月に初めて福島県の被災地を訪問しました。２０１１年4月～7月の間に2種類のプログラムを集中して作成してきましたが、「現地を見ないで授業案を作成していることはおかしい」ことに気づいたのです。福島在住の関係者の協力を得て、飯舘村の役場や学校、津波被害と放射能汚染に見舞われた南相馬周辺地域を訪問して現地を視察し、関係者から苦渋に満ちた体験談を聴き、その後のWGの方向性を深く考えることとなりました。確かに、WGのミッションはプログラムを作成し、誰かのために貢献することでしたが、福島を訪問することによって、メンバー自身が自分のために学ぶことの大切さを実感できたのだと思います。

（4）『原発事故のはなし3：シミュレーション教材「海辺村の未来は？」』

WGの集大成となったのは、2013年11月に完成したシミュレーション教材『海辺村の未来は？』というプログラムです。これは、学校教育関係者と20代の大学院生たちが協力して作成したもので、対象を中学生～成人に広げて、学校と民間団体などでも活用できる全4部構成の本格的なプログラムに仕上がりました。以下に、その概要を紹介します。

Ⅰ　ねらい
(1)　原発事故の事実を学ぶ
(2)　原発事故以後の未来について考える
(3)　原発事故と被災者のことを忘れない

Ⅱ　プログラムの特徴
(1)　架空の「海辺村」を舞台としたシミュレーション教材
(2)　全4部を連続して行うと効果があるが、各1部を独立させて行うことも可能
(3)　グループを編成して、活発に対話しながら行う

Ⅲ　全4部の概要
(1)　紙芝居「海辺村に原発がやってきた！」（図①）
・海辺村が原発を受け入れた経緯をたどり、地方と都市の原発に対する意識の差を比べる

①表紙

②海辺村の紹介

③第１回公開ヒアリングにとまどう村人たち

④第２回公開ヒアリングで発言する村人たち

図①　紙芝居「海辺村に原発がやってきた！」

⑤電力会社・建設会社・政治家が集う祝賀会

⑥原発完成後の村と村人たち

⑦原発トラブル発生とトラブル隠し

⑧地方でつくられた電力で豊かな暮らしをする都市住民

(2) ファクトシート「海辺村に建った原発とは」
・原発に関する客観的な知識を整理し、立場によって見方・考え方が違うことを理解する
(3) スライド資料「福島第一原発の事故とは」
・原発事故の実態を知り、それが人・社会・自然に与えた影響について考える
(4) ロールプレイ「海辺村の未来を考えよう」
・原発事故の影響を受けた海辺村の人々は、今後どのような未来を構想すればよいか、当事者の視点を借りて話し合う

これは、参加者が架空の海辺村を題材にして原発の建設、基礎知識、被害の概要を十分に理解したうえで、最後はそこの住人になったつもりで村の未来について話し合うというプログラムです。このような参加型のプログラムは、２０００年代初期から、環境、国際理解、人権系の民間団体を中心に広範に普及してきた新しい学び方の1つです。参加者は、全員前を向いて講師の話を聞くのではなく、グループの中で対話をしながら理解を深めていく、双方向的でオープンエンドな学び方です。

WGでは、新たに「**事故を忘れない**」という理念を共有することにしました。この時期、すでに記憶の風化が始まっていたのです。いえ、「忘れさせよう」とする政治的な動きが顕著となってきたと言いかえてもいいでしょう。

このプログラムを作成する過程で、また1つ共有できた考えがあります。それは、これまで地方

の原子力発電所から大量の電気を受け取り、大量に消費してきた首都圏（大都市圏）に住む市民の立場で、このプログラムを作成し普及していこうという考えです。第1期〜2期では、福島の被災地のために授業案を作成するという意識がどこかにありましたが、それは基本的には間違いであることに気づいたのです。私たちが、被災地の人たちの悲しみを、同じように深く感じることはとても難しいことです。また、代弁して誰かに伝えることにも無理があります。被災地のためにやることを第一の目的にするのではなく、まずは首都圏（大都市圏）に住む私たちの足もとの現実を厳しく問い直すことが、本当の意味で誠実な対応となるのではないか、と考えるようになったのです。

もう1つは、多様な意見を出し合い相互に考え続けることを大切にしていく、という姿勢です。それは、当たり前のことだと反論があるかもしれません。しかし、原発事故の問題に限らず、「賛成—反対」「支持—不支持」などの二元論からなる「議論」は、最終的にお互いの意見の違いを際立たせ、対立を強める方向でしか収束しません。それよりも、考えや立場の違いを超えて「対話」することです。

そもそも、私たちが考えることは白黒はっきりできることのほうが少なく、その境界が曖昧だったり、あとで大きく変わったり、別の色彩が混じっていたりと、つねに揺れ動くものですから、まずはお互いの思いを交流することのほうが大切なのです。しかし、時にそれは、なんらかの合意ができない場合に、「社会にはいろいろな意見がある。それでいいじゃないか」という相対主義や、「人は人、自分は自分」といったニヒリズムに陥りやすいのも事実です。それでは、対話する意味もなければ、問題の解決にもつながりません。

そこで、このプログラムは「被災した人たちの立場」を想像しながら実施するという基本姿勢をとることにしました。とかく私たちは、大きな問題が起こると、観客になって批評家をきどったり、第三者的に傍観したり、権力者のように上から目線で語ったり、知らず知らずのうちに自身の生活の基盤から離れて判断しがちですが、そこを想像力でのりこえて被災者の目線でものごとを考える努力をするのです。ここが、プログラムを実施するときの重要なポイントです。もっとも、広範な放射能汚染を受けたという意味では、日本全体（近隣諸国）が被害者ですし、原子力エネルギーに依存してきたという意味では加害者にもなり、一概に決めつけることができない難しさはあるのですが。

（5）『原発事故のはなし3』の授業実践

この第3期メンバーを中心に、それぞれの教育の現場（主に大学と民間団体）で実践することにしました。筆者は、大学生に対して2年連続で実施していますが、毎回興味深い反応が見られます。たとえば、紙芝居という古い形式に新鮮さを感じながら原発建設の経緯に疑問を持つ学生、ファクトシートを通じた原発の基礎知識について「知らなかったこと」の多さに驚く学生、被災地の実態を紹介したスライドを見て衝撃を受ける学生、ロールプレイで村人を演じることによって初めて原発を受け入れた自治体の苦悩を実感する学生など、さまざまな反応が見られます。

また、プログラムを経験した後の学生の感想も多様です。その中のいくつかを紹介しましょう。

A「原発を建てる建てないは、人の生命を左右する大きな課題であると思った」

B「（被災地の様子を知り）自分の無力さを知るのは辛いけれど、現実と向かい合っていかなければ、下の世代に伝えていくことはできないと感じた」

C「原発は建てるべきだった。首都圏に住んでいる我々からすると、遠い地の影響を考えるのは難しいと思った」

D「リスクは利益を受ける者が負うべきであり、電力を消費する地域でない海辺村への原発建設は適当でない」

E「帰りたいけれど帰れない、やめたいけれどやめられないところまで追い詰められる人々はとても辛いと思う」

F「いつ終わるかわからない除染、生まれ育った思い出のある土地から離れ、いつ戻れるか不安な住民の気持ちを考えると、原発は建てるべきではない」

これは、合計3回（約4時間半）の授業の後に書いてもらった感想の断片ですが、原発事故をめぐってさまざまな思いを持ったことがわかります。共通するのは、どの学生もすっきりした気持ちで終わっておらず、逆に心のモヤモヤを抱えたまま、新たな「問い」を生み出していることです。これこそ、とても大切な「学び」だと思います。

一方で、大都市と地方の関係について、考えさせられる感想も出ていました。それは、「大都市に原発を建設しメルトダウンしたら経済が回らなくなる」「都市は人口が多いので被害が大きくなる。それよりは田舎に建てたほうがまだましだ」「私が生まれた地域に造っていないことは肯定できる」といったものです。

乱暴な言い方をすれば、地方は都市のために犠牲になるのもやむを得ないという考え方でしょう。「原発事故」問題を考える以前に、学生が育ってきた地域や環境、あるいは時代の影響によって、ものの考え方や感じ方に大きな問題を抱えていると言わざるを得ません。これはほんの一例ですが、大切なのは、これを学生（参加者）の問題、プログラムの欠点、授業の失敗、とマイナスに捉えるのではなく、他の成人や生徒が持っている普通の感覚として受けとめ、次の段階で質の高い授業をつくっていくための良い教訓として生かしていくことです。

また、プログラムを社会に広げていくなかで、大変残念なこともありました。あるメンバーが、このプログラムを公の場で実施しようとした時に、難色を示されて実施できない事例が複数あったのです。

前掲の感想からもわかる通り、このプログラムはある特定の考えを押しつけるために作成したものではなく、多様な考えを共有し、参加者同士で考えていくために作成したものです。それにもかかわらず、実施自体を抑える動きがあることは、すでに「原発事故」問題を語り合うこと自体がタブー視され始め、とくに教育の現場では、それを「自粛」することが政治的に中立の姿勢をとることだという風潮が広がりつつあるのでしょう。これでは、原発事故そのものが忘れ去られていきます。そして、福島で被災した人たちのことや原発事故のことを語らなくなるということは、私たち自身が被災者であり加害者でもあるという大切な認識を、自らの手で捨ててしまうことだと思います。その意味で、このプログラムを実施すること自体が、原発事故を起こしてしまった私たちの責任を取る行為であり、未来と世界の人たちへの償いのメッセージでもあるのです。

3　今後の展望

3・11直後、それまで原発を推進する政策を取っていたドイツは、いち早く全原発停止までの期間を前倒しする政策に転換しました。また、イタリアでは国民投票を実施して原発の新規建設や再稼働は凍結することを決めました。一方で、中国、トルコなどの新興国は、基本的に原発の建設を推進し、それを支援するように日本政府はプラント輸出に積極的な姿勢を見せています。つまり、世界全体を見渡しても、原発に対するスタンスに大きな幅があることがわかります。では、「いろいろな国があってそれでいい」のでしょうか。「それぞれの国には、それぞれの事情があるのだから」と簡単に理解していいのでしょうか。その見方は、先に指摘した相対主義やニヒリズムに他なりません。

私たちが、3年間のプログラム作成を通して痛感したことは、「誰の視点でもの・ことを見るのか」ということでした。くりかえしますが、それは「被災したもの」の立場です。この「被災したもの」とは、なにも人間だけではありません。森・川・海・土・大気・野生生物などの「自然」、土地に伝わる風習や伝統、暮らし方などの「文化」も、同じように被災しました。そして、3・11以前、私たちの多くが、原子力発電に対して無関心だったか、問題に気づいていながら許容していたかのどちらかだったとしたら、福島県の深刻な被害に対して間接的な責任があるのです。

私たちには、「被災したもの」と「加担したもの」の複眼的な視点を持って原発事故の問題を「考え続ける」責任があるのではないでしょうか。「考え続けること」は、日常の些細なことから始められます。新聞を読む、家族に語る、被災地を訪れる、産品を購入するなど、人によっていろいろな入り口があることでしょう。このプログラムが、「考え続けること」のよいきっかけとなってくれれば幸いです。

さて、今後のWGの活動は、新たなステージに入っていきます。これまで作成したプログラムは、ねばり強く普及を図っていきながら、福島県を中心とした被災地に若者が参加するツアーを計画しています。現地で、さまざまな人に出会い、現場に立つことで、いろいろなことを思い感じることでしょう。訪問後に、参加者同士でそれを共有したうえで、『原発事故のはなし4』のプログラム作成の主体になってもらおうという計画です。これが、きちんと軌道にのるかどうかはわかりませんが、WGが活動を続けていくこと自体、値打ちのあることなのではないかと思っています。その意味で、私たち自身も「考え続ける」つもりです。

【参考文献】
日本環境教育学会「原発事故のはなし」授業案作成ワーキンググループ編（2014）『授業案 原発事故のはなし』国土社

第7章　教材を通じた議論の場づくり
――３・11と開発教育協会（ＤＥＡＲ）の取り組み

上條直美／八木亜紀子

１　はじめに――３・11直後の取り組み

特定非営利活動法人開発教育協会（以下、ＤＥＡＲ）は、１９８２年に設立された教育系ＮＧＯで、「共に生きることのできる公正な地球社会づくりに参加するための教育」としての開発教育を推進する団体です。地球社会が抱える開発・貧困・環境・人権・平和・文化などの人類共通の諸問題をテーマにする学習活動が学校内外の場で実践されることを目指し、教材開発、研究会、教育実践者支援、教育に関わる市民組織のネットワークづくり、政策提言など多角的な事業・活動を展開しています。

ＤＥＡＲは全国に会員や仲間を持つネットワーク団体であるため、３・11直後、東北地方に拠点を置く団体「国際ボランティアセンター山形ＩＶＹ[1]」「地球のステージ」「バニヤンツリー」と連携し、緊急募金を行いました。また、３月16日には関連情報ブログを開設し、支援情報に加えてＤＥＡＲ独自のものとして、震災に関連する教材や授業の実践のレポートを掲載していきました。震災から間もない４月２日に東京でチャリティ・ワークショップを行った際には、「まだ被災者の方が苦しんでいる状況で、教材として取り上げることにはためらいはある。それでも、子どもたちや家族と話したいという思いでワークショップを行う」という説明がなされました。３・11をふりかえり、地震があったときどこにいて何を感じ、考えたか、新聞記事や写真、世界各国からのメッセージを読んで感じたことを共有し、これからどうしたいかを話し合う場になりました。

　ワークショップの参加者からは、「震災についての思いを語り合い、共有できたことが何より一番大きな収穫です。何かを学べたかではなく、今日から明日から少しでも前を向いて生きていこう、働いていこう、活動していこうと気持ちが高まりました。」「自分が感じていたけど言葉にならなかったことが、言葉になったような気がする。」「参加型学習では考えがまとまっていなくても『話すこと』によって自己理解や気づきにつながると思いました。」「『話したい』という気持ちが湧いてきたこと、みなさんと気持ちを共有できたことが嬉しかったです。」というコメントをいただきました。そして、「中学の授業で生徒たちの思いを共有できるような対話の時間をとりたい。」「誰もが初めて経験すること、誰もが不安に思っていること。この現実を受け止めて『みんなで共有する時間』を授業でつくっていきたい。」という声に後押しをされて、ワークショップの内容は、４月15日にグローバル・エクスプレス[2]「東日本大震災」という教材としてまとめられ、ホームページにおける無料ダウンロードが開始されました。

その後も、4月29日に第2回チャリティ・ワークショップ開催、6月17日にグローバル・エクスプレス「東日本大震災」パート2「世界からの援助」、9月9日にパート3「社会を見つめ直す」が作成され、同様に誰でもアクセスし、ダウンロードできる形にしました。この間、本ページへのアクセス件数は約2万4924件、ダウンロード数は約1万294件となりました。

2 教材『グローバル・エクスプレス～東日本大震災』の実践から見えて来たこと

教材をダウンロードした方々の中から、属性が教員（小・中・高・大）とわかる人へメールによるアンケート調査を行い、どのような授業実践を行ったのか、生徒・学生の反応はどのようなものだったかを分析しました（図①、図②）。

アンケート送付数578のうち56名から回答を得、最も多かったのが関東甲信越・北陸と関西の2つの地域からで各17件、その他北海道・東北7、東海9、中国・四国・九州4、海外2件の返信がありました。高校が最も多く24、中学高等学校5、中学校10、小学校7、大学9、専門学校1。総合学習の時間での実施が最も多く、次いで道徳、地理、その他は国語、現代社会、社会科、世界史、家庭科など多岐にわたりました。ホームルームや学校集会などの場でも講話という形で取り上げられていました。その内容は次の通りです。

使用された教材は、DEARのグローバル・エクスプレスを応用したものが最も多く、次いで新聞（記事、写真、投稿）、先生自身の被災地でのボランティア体験、神戸震災時の体験談、被災地にいる知人からの声などでした。3・11という未曾有の出来事による精神的な動揺、心の葛藤は、

<table>
<tr><th>教材発行（参考）</th><th>アンケート実施スケジュール</th></tr>
<tr><td>4月15日　グローバル・エクスプレス13号東日本大震災パート1</td><td rowspan="3">●4月15日〜10月20日の間のダウンロード者の中から教員578名を対象にアンケートを2回に分けて（5月25日、10月21日）実施

８月〜９月　集計、分析
10月　個別事例インタビュー
10月　第二回アンケート
11月　アンケート集計、分析
新たな教材作成へ</td></tr>
<tr><td>6月17日　グローバル・エクスプレス14号東日本大震災パート2
「世界からの援助」</td></tr>
<tr><td>9月9日　グローバル・エクスプレス15号東日本大震災パート3
「社会を見つめ直す」</td></tr>
</table>

図①　アンケート調査実施概要

日本のどこにいても何らかの形で大勢の人々が抱えたものだと想像できます。まずはそれらと向き合い、他者と共有することから始める、また先生自身が被災地を訪れてその体験を話すという向き合い方が特徴的でした。

授業を実施した先生たちが感じた課題や気づきで多かったものは、次の３点に集約できます。

①正確な情報を知ることの重要性
②自分たちにも起こりうること
③どこか他人事になってしまいがちなので、自分ごととして考えてもらいたい

正確な情報とは何か、という大きな課題が残され、それは今でも未解決のままです。何を基準にものを考えたらよいのかという先生方の戸惑いが読み取れます。また、自分たちにも起こりうることだとしながらも、自分ごととして捉える難しさも同時に感じています。その他の感想は次のようなものです。

・「世界史にも残る経験をした自分たち（学年）」という自覚を持ちたい

小学校	行動（ボランティア）、価値（道徳）、現状理解
中学・高等学校	3．11をふりかえる／語る場を作る、防災・原発、行動（わたしにできること）、現状理解、共感、メディア、当事者意識／リアリティをもって向き合う、人権講話、前向きに生きる、幸せとは
大学	行動（わたしにできること）、防災・原発、共感、メディア

図②　震災に関する授業のテーマ（多い順）

・（震災の）授業をすること自体が私にできることである
・当事者としての生徒たちと、現実、悲しみを共有し、そこからわきあがる気持ちを大事にする
・時事問題に関心を持たせる
・持続可能な社会づくり
・今の子どもたちが大人になって復興の担い手になることを想定している
・遠くにいても一緒に復興していく大きな気持ちを持てる子どもを育てる
・出口の見えない長期戦
・経済復興が復興なのか？
・正義とは何か？
・思考停止しないためにはどうしたらよいか？
・日々薄れる問題意識
・日々変わる情報をどう扱っていいかわからない
・ボランティア（支援）のむずかしさを考える
・教材集めに苦労した

また、学校で取り組む時に、教師同士の連携があるかないかは大きな分かれ道でした。学校の教師集団に社会問題意識が薄いと感じる先生もいました。

一方で、教材をダウンロードしたが授業では震災は取り上げなかったとい

う人から、なぜ実施しなかったかについて理由を聞いてみました。回答は次のようなものでした。

・実践しやすいであろう学活や道徳の授業ができる学級担任ではなかったため、実践できる場面がなかった

・授業中の「お話」であればできるだろうが、(地震について取り上げるのは)公民では難しい。社会科であれば地理もしくは現代社会で扱える

・(被災地の場合)どこまで触れていいのかわからない。発達段階に応じた教材の開発の必要性もある。ショッキングな災害をどう扱うのか、カリキュラムのどの部分とリンクさせるのか、保護者の理解などを考慮する必要がある

・2000年以降、原発、エネルギーというテーマが扱いにくい雰囲気になっていった

・原発を扱いたいがどのようにしたらいいかわからない

それまで授業で扱ってきた原発やエネルギーに関する内容とは全く異なるものになるため、震災とそれにともなう原発事故のことを授業として扱うための経験やノウハウ、教材が不足していることなどが浮き彫りになりました。

「正しい知識」「エネルギー政策」の2点が学習のうえでのポイントだと指摘している人が多く、教師が曖昧な知識で教えるのは無責任だと思っている、客観性を欠く、偏向教育や感情論になるのではないか、と考える人もいました。それではどのような視点から教えればよいのか、生徒の多様な意見を引き出したうえで、どうすればよいのか、ということについては、「将来のエネルギー政策」がひとつの落としどころになっているようです。

先生たちの声としては、次のようなものが寄せられました。

・保護者が電力会社関係の場合は、受け止めが難しいと感じている

・被災地の方や電力会社関係の方の立場になって考えさせる道徳を展開

・原発の危なさと有効性について中学生に取り組ませるのが適切なのか……取り組む価値はあると思うが、自分に知識がない

・将来的な見通しを誰もが予測できないため、教育の現場では慎重な対応が必要

最後に、教師自身の力量に関するコメントでは、情報収集能力の重要性に言及しているものが多く、今、目の前で起こっていることから何を学ぶか、という視点、対立が起きていることをどう扱うかという視点がこれまで不足していた、また、知識偏重型ではない、生徒と同じ目線で共有できる教材が必要であるという自己分析が見られました。

こうしたDEARの初期の取り組みを踏まえて、DEARとしてできることは何かを考えた時に、教材作成というDEARの得意分野を通じて議論の場をつくっていこうとしたのが、次の節で紹介する『もっと話そう！　エネルギーと原発のこと』です。

3　教材『もっと話そう！　エネルギーと原発のこと』で目指したこと

3・11の原発事故のあと、DEARに所属する多くの会員から、DEARは組織としてどのような態度をとるのか、という質問を受けました。DEARとして何をすべきかという議論の結果、賛成、反対という政治的立場を表明するよりも、「議論の分かれる問題」を民主的に議論し、参加型

で学習する機会や方法を優先させようということになり、２０１２年12月に『もっと話そう！　エネルギーと原発のこと』という学習教材を作成・発行しました（図③）。

構成としては、第1部が「もっと知ろう！　エネルギーと原発のこと」として、基本的な理解や生活の中のエネルギー消費について考える内容。第2部「もっと話そう！　エネルギーと原発のこと」で、原発をめぐる新聞記事の読み比べやベトナムへの原発輸出の問題、使用済み核燃料の問題などについて考え、第3部では、エネルギー、文明、近代化という視点から、私たちの生活を見直し、どのような未来になってほしいかを想像・創造していくという内容になっています。

この教材を通じて、DEARは基本姿勢を問われました。もともと公正な社会の実現という価値を目指して、「はじめに答えありき」の教育に疑問を持ち、学習者1人ひとりが自分で選択肢を選ぶ判断基準を持てるようにするという教育を目指してきたことから、今回の原発の問題も、賛否を組織として表明するのではなく、「学習者1人ひとりの思いや願いに寄り添い、『もっと話そう！』と呼びかけるべきではないかと考えた」(3)のです。

そして、「本冊子は『原発』政策に対する賛否を問うことを意図したものではありません。そもそも原発や原子力とは何かを知り、公正で持続可能な共生社会における資源やエネルギーのあり方を考え、私たち1人ひとりが自ら判断し行動していくための話しあいや学びあいのヒントや事例を紹介するものです」と位置づけています。

3・11が開発教育に投げかけた「問い」を、DEARとしてはこのように考えました。「開発教育ではコンテンツと同様にプロセスも大切だと訴えてきた。学ぶべき内容と方法の調和と言っても

第１部　もっと知ろう！
エネルギーと原発のこと
アクティビティ1　もっと知ろう！ エネルギーってなに？
アクティビティ2　もっと知ろう！ いつ・どこで・なんのためにつかっている？
アクティビティ3　もっと知ろう！ エネルギー資源
アクティビティ4　どのくらい使ってる？ 家の中の電気・電化製品
第２部　もっと話そう！
エネルギーと原発のこと
アクティビティ5　原発について知っていること・知りたいこと～ブレインストーミング
アクティビティ6　テーマを広げ課題を見つける～ウェビング
アクティビティ7　気持ちや思いを話す～マイクロラボ
アクティビティ8　「ゆうだい君の手紙」～わたしの気持ち
アクティビティ9　仮想インタビュー「原発」
アクティビティ10　原発停止をめぐる意見～様々な意見を読み・くらべる
アクティビティ11　ベトナムへの原発輸出～いろいろな立場に立って考える
アクティビティ12　使用済み核燃料のゆくえ～世界地図をつかって
第３部　未来に向けて考えよう！
エネルギーと原発のこと
アクティビティ13　さまざまな視点から分析する～コンパス分析
アクティビティ14　テクノロジーとわたしたち～テクノロジーの利用を考える
アクティビティ15　わたしの願い～気持ちや思いを共有する
アクティビティ16　未来の新聞～エネルギーの未来を想像する

『もっと話そう！
エネルギーと
原発のこと』

図③『もっと話そう！ エネルギーと原発のこと』目次

よい。たとえば、民主主義的な中でこそ民主主義について学ぶことは可能になる、あるいは参加型開発については参加型の学びが有効であるということであるが、民主主義や参加型開発について学ぶということ自体に価値があり、社会や世界とつながることでもある[4]」とするならば、本当の民主主義とは何か、今現在、誰のどのような声が1人の社会構成員の声としてきちんと取り上げられていないのか、ないがしろにされているのか、そのような視点が開発教育には必要不可欠であり、開かれた議論のプロセスの中で提示されるべきことがらでしょう。このようなことを踏まえ、次節では『もっと話そう！　エネルギーと原発のこと』を使った実践事例を通して、関東圏に暮らす若者が３・11から2年後の２０１３年、原発について何を知り、何を知らないか、何を感じ、考えるのかを見てみましょう。

４　大学での実践事例紹介

ＤＥＡＲの主幹事業に講師派遣があります。２０１３年度には年間75件１６０回の講師派遣依頼があり､学校の教員研修や大学の授業､社会教育団体による講座などでワークショップや教材を使った研修が行われました。その中で、原発・エネルギーをテーマにした依頼は6件7回でした。

本節で紹介するのは、その中から２０１３年5月に都内の大学で「持続可能な開発のための教育（ＥＳＤ）」をテーマにした選択授業で、本教材を使用して参加型学習を実施した事例です。２回分の授業内容は次の通りです（図④）。

以下、それぞれのアクティビティにおいて学生がどのように何を感じ、考えたのかを項目ごとに整理していきます。

（1）日本の原子力発電所の現状への理解不足

日本の原子力発電所と福島第一原発事故（２０１1年3月）以降の状況に関する基本的知識を確認するために、以下のクイズを行いました。補足情報としては、関連する新聞記事や原発立地の地図などが使われました。

	使用したアクティビティ	概要
1回目（90分）	導入のクイズ アクティビティ10　原発停止をめぐる意見〜様々な意見を読み・くらべる	・日本の原子力発電所の現状に関するクイズ ・新聞記事（2011年5月に菅直人首相（当時）が浜岡原子力発電所の停止宣言をした際の記事）をめぐる多様な意見を分析する
2回目（90分）	導入のクイズ アクティビティ11　ベトナムへの原発輸出〜いろいろな立場に立って考える	・世界の原子力発電所の現状に関するクイズ ・ベトナムへの日本からの原発輸出をめぐるさまざまな関係者とその立場を分析する（ロールプレイ）

図④　大学の授業実践事例（授業2回分の内容）

クイズ1　日本にはいくつ（何基の）原子力発電所がある？（答：54基）

クイズ2　福島第一原発事故後、事故・定期検査以外で初めて止まった原発はどこ？（答：浜岡原発）

クイズ3　現在、日本で稼働中の原発の数はいくつ？（答：2基／大飯原発）

多くの学生が推測した日本の原発の数は「20〜30基」程度でした。「54基」の原発があるという事実や日本で稼働中の原発が「2基」であることは予想外のようでした。「そんなにたくさんあるの!?」という驚きや、「もっとたくさん稼働していると思っていた」「電気が足りなくなるので、半分くらいは稼働していると思った」といった反応でした。学生の感想を紹介します。

・3・11の前後では、稼働している原発の数はそれほど変わっていないのでは、と思っていました。しかし現在、2基しか稼働していないと聞いてとても驚きました。今まで、原発から得ていたエネルギーは、今どこから得ているのか疑問に思いました。

・原発の数がだいたい50基ということは知っていましたが、事故後、稼働数がそこまで減っていたことは知りませんでした。それでも日常生活の中であまり不便を感じなかったということは、本来そこまで稼働する必要はない、ということなのだと思いました。

・今回の授業で教わるまで、正直、原発に関する正確な知識・情報を持っていないことに目を向けていませんでした。原発に関しては、情報が沢山ありすぎて、どれを信じれば良いのか、どこまで知れば良いのかと、半ば諦めかけた気持ちもありました。

「持続可能な開発のための教育（ＥＳＤ）」の授業を自ら選択している学生たちなので、エネルギーや原発のことについても「関心」は持っているはずでしたが、原発がどこに立地しているのかといったことや、事故の後に起こっている現実などの「情報」については、知らないことが多いことに驚かされました。「日本に54基も原発があるとは知らなかった、今、２基しか稼働していないことにも驚いた」というコメントから、想像以上に学生にとって原発事故は「過去」のことになっているのではないかと感じられます。そのため、授業等を行う際には基本的な情報の共有を、新聞記事や地図などの資料を使って行うことが非常に重要であると思います。

(2) アクティビティ10　原発停止をめぐる意見〜様々な意見を読み・くらべる

新聞記事（２０１１年5月に菅直人首相（当時）が中部電力浜岡原子力発電所（以下、浜岡原発）の停止宣言をした際の記事）をめぐる多様な意見を分析するアクティビティで、菅氏の発言に対して各界のさまざまな人（市長、知事、経団連会長、社説等）の反応を読み比べるものです。学生の感想は、次の通りです。

・「浜岡原発をめぐる様々な意見」について、その意見の賛否を読み取ることや、自分がどの意見に賛成なのかなどを話し合ったりしました。「話し合う」というよりは、「意見の交換」といったほうが、しっくりくるような場で、しっかりとテーマに向き合い、自分の意志を伝えることができたし、同じグループの人の意見をきくことがとても面白く、たくさんのことが、自分の糧になったように感じました。「意思の尊重」ということをひしひしと感じました。

・原発に関するワークショップと聞いて、原発の賛否を言わなくてはならないのかと不安でしたが、公平な立場に立って、さまざまな立場の意見を学ぶことができて勉強になりました。私が最も共感した意見は、Ｇの敦賀市長の意見です。地元に原発があり、産業として成り立っているのかもしれませんが、「今回の福島第一原発の事故が、津波だけによるものか、地震の影響はどれだけあったのかなどの報告がまだ出ていない」と感情的になりすぎず、冷静に分析しているからです。また、同じ班の人が、「Ｅは原発に賛成なのか反対なのかわからず、みんな嫌いかもしれないけど、私はＥに一番共感した。Ｅは賛成、反対ではなく、これからどうなるか、どうすれば良いのかを最優先に考えている」と発言していたのが、とても印象に残りました。

普段の生活の中で、家族や友人などと原発のことについて深く語り合う機会はそれほど多くないと思います。「原発がテーマと聞いて賛否を言わなければならないのか」と不安に感じたという感想は、普段の生活ではなおさら原発のことに触れることの難しさを物語っています。授業では、グループでの話し合いが中心です。教材にある多様な意見の中で、どの意見が自分と近いのかを考えることで自分の考えを明確化したり、異なる意見を持つメンバーの発言から学んでいる様子がうかがえます。

参加型学習という学び方は、常に「参加」「包摂性」「学習者中心のプロセス」「エンパワメント」「ジェンダー公正」「人権尊重と民主主義」などへ配慮しながら、学びの場づくりが行われます。そのため、他人の意見を否定しない、よく聴く、などの態度がルールとして最初に確認されます。「意思の尊重」を感じたという言葉からは、そのような場を居心地良いと感じた学生がいたことがわかります。

（3）最終処分場に対する想像力の欠如

2回目の授業では、最初に世界の原発に関するクイズを行いました。

クイズ1　世界にはいくつ(何基の)原子力発電所がある？　(答:約450基／建設予定約130基)

クイズ2　現在、稼働している核廃棄物の最終処分場はいくつ、どこにある？　(答：ゼロ／建設中はあり)

クイズ3　日本が行っている「原子力協定」ってどんなもの？　(答：口頭で説明)

最終処分場、つまり「核のゴミ」を捨てる場所は現在のところ地球上に存在しない、という当たり前の事実は、驚きをもって受け止められました。「原発が世界に400基以上ある中で、最終処分場はゼロという事実にとても驚きました。なかなか処理をすることが困難であることは、うすうす気づいていましたが、数値でみるとより現実的に、よりリアルに感じることができました」というコメントが象徴的ですが、原発や核の問題が私たちの生活とかけ離れた出来事として受け止められているのだという現実から、どう学びを展開していくのか大きな課題です。

（4）アクティビティ11　ベトナムへの原発輸出〜いろいろな立場に立って考える

日本とベトナムは、２０３０年までにベトナムの10基の原子力発電所のうちの2基を日本が協力パートナーとして建設を進めることに合意をしました（日・ベトナム原子力協定）。この協定は２０１1年1月、つまり3・11の直前に結ばれています。このことをめぐり、当該村の住民、村長、ベトナム政府関係者、日本の原発関連企業社員、環境ＮＧＯ、日本政府関係者などの登場人物によるロールプレイを通して、日本の原発輸出に関するグループディスカッションをしました。

開発教育における参加型学習は、学習者の学習への参加を意味するだけでなく、開発への市民参加を学ぶ学習でもあります。ベトナムへの原発輸出はベトナムの建設予定地の人々の視点からどう見えるか、という問いがここから生まれます。原発建設によって現実的に最も影響を受けるであろう村の住民は、原発輸出・建設のプロセスに参加できているのか、ということです。そのことに関する学生のコメントには次のようなものがありました。

・決定力があるのはやはり、政府や日本の原発関連企業で、立場のえらい人で、決定力がないのは市民だ。

・ニントゥアン第二原発建設についてはベトナム政府の独壇場ではなく住民の意見もしっかりと考慮すべきだと思いました。政府の一方的な決定には不快感を感じました。

・原発を海外へ輸出しようとする話は少し聞いたことがありましたが、現地の住民はほとんどそのリスクについて聞かされていないということには衝撃を受けました。しかし、建設自体に関しては、まさに賛否両論でした。

・「どうしても国として電力が必要だ……」と必要に迫られていることはわかります。なので、最低限国民に情報を届け認知してもらう取り組みだけでもすべきだろうと思います。

・私は原発輸出に賛成である。また、国際協力だと思う。なぜならお互い技術提供することによって、原子力政策のレベルアップにつながるし、より便利な世の中になると思う。そして、提供し合うことで国同士の中も深まり、いざというときに、お互いを助け合うことができるから。環境汚染が気になるが、私たちは原子力に結局頼っているのだと思う。

・原発輸出に私は賛成です。現在、日本は福島の原発事故を境に、原発需要が減ってきており、日本の高い技術力を外国へ輸出することは日本のためにも外国の人たちにも良いことだと思います。日本は地震が頻繁に起こるため、原発需要が減るが、外国の地震が少ない地域にとっては電力をまかなうにはとても良い手段だと思う。日本の原発技術は優れており、安全面ではしっかりとした管理のもとにあると思う。

・日本企業の方の意見に「国内で（ビジネスが）立ち行かなくなったから海外でやるのだ」といったようなものがありましたが、それこそ見通しのずさんさというか、目先のことしか考えられていないのでは？　と思ってしまいました。すべてビジネスとしてのみ捉えていれば良いという訳ではないと思いました。

・原発輸出は国際協力と思うかどうか、という問いがありましたが、私はそうではないと思いました。「国際協力」は、ビジネスではない以上、現地の人と寄りそってこそ、あるべき姿だと思います。日本は技術立国であるからこそ、これまでになかったバイオ燃料やリサイクルシステムなどに対してアプローチできると思うし、するべきだと思います。今後も原発輸出を行っていくのであれば、使用済核燃料をどうするのか一定のサイクルを考え、提示して初めて輸出可能なライフサイクルになると思う。

・原発輸出にはどちらかといえば反対。国内で原発を縮小しようというのに、海外には売りに行く、というのは信頼を得られる態度ではないと思う。

授業はこの2回で終了でしたが、短い時間で実施するための工夫としては、先にも述べたように、基本情報として核燃料サイクルの図や、新しい新聞記事、その日にあった「もんじゅ」の無期限停止命令のニュースなど、さまざまな資料を用意し、ていねいに導入を行うこと、時々刻々と動いている現状に即した補足資料を用意し、参加者の理解や知識を確認しながら、ゆっくり・じっくり進めることが必要だと考えられます。

賛否両論が出たところで、次のステップとして「合意形成への参加」について考えることができたら良かったのではないかと思いますが、2回の授業では時間的に難しいものがありました。

5　おわりに

DEARの取り組みを概観していくつか感じたことがあります。まず、原発について学習するということは、従来の教師と生徒（学生）というあり方だけでは足りないということです。答えのない問いに向かって共に学んでいく姿勢が求められます。それから、これまでの私たちの社会のあり方――技術への全幅の信頼やビジネスが最重要視される社会――を問い直す視点が必要だということです。これからのエネルギー政策が学習のひとつの「落としどころ」であるならば、過去への反省はしっかりと行う必要があります。

これまで経験をしたことのない問題に立ち向かわなければならない今、私たちの想像力と創造力が試されていかざるを得ないでしょう。

【注】

（1）2012年8月に認定NPO法人IVYへ名称変更。

（2）Global Express（グローバル・エクスプレス）は、時事問題を開発教育の視点から扱い、学ぶためのメディア・リテラシー教材です。メディアを批判的に捉える力を養います。また、「南（途上国）」で起こっているニュースの状況を理解し、当事者と学習者の日常を結びつけて考えることを目指しています。オリジナルは、Manchester Development Education Project（英国マンチェスター開発教育プロジェクト）という世界や地域の課題に取り組み、開発教育を進めるNGOの取り組みで、日本版としてDEARで作成しています。http://www.dear.or.jp/ge/index.html

（3）開発教育協会（2012）『もっと話そう！ エネルギーと原発のこと　参加型で学び合うための16の方法』「はじめに」からの引用。

（4）岩崎裕保（2014）「3・11と向きあう開発教育――開発教育協会（DEAR）の試行的実践」『環境教育と開発教育　実践的統一への展望：ポスト2015のESDへ』筑波書房、154ページ。

第3部　座談会

「福島第一原発事故を乗り越えるために
——チェルノブイリ・福島・未来」

河田昌東／天野和彦／阿部 治（司会）

事実を伝えること

阿部　福島第一原発事故に関連して多くの方々が影響を受けている中で、とくに子どもたちをめぐる状況について、３年間の変化に目を向けたいと考えています。１９９０年以降、チェルノブイリの支援活動を続けてきた経験を基に福島に入られた河田さんと、震災後、いわゆる〈大規模避難所〉となった「ビッグパレットふくしま」の運営支援から、福島に寄り添ってこられた天野さん。お２人から、福島原発事故以降、子どもたちをめぐる状況に何が起きて、それが周囲や子どもたち自身にどんな影響をもたらしているか。ご自身が経験されたこと、子どもたちや周囲の大人の言葉を紹介していただきながら、今後これらの経験がどう生かされていくのか、今後の課題について伺いたいと思います。

河田　私は、名古屋大学で遺伝子の基礎研究をやっていました。普段から放射能を扱っていましたので、チェルノブイリの事故（１９８６年）が起こると仲間に呼びかけて、１９９０年に「チェルノブイリ救援・中部」という団体を立ち上げ、現地に入りました。

原発から70㎞ほど離れたナロジチという村があります。福島県でいえば飯舘村のような地域で、畜産と農業が中心のきれいな村です。私たちは当初、その地域の病院や学校に対する医療支援を中心に行っていましたが、２００７年から内部被曝を減らすための活動を始めました。汚染しやすい植物を植えることで土壌の放射性物質を吸収させて、ゆっくり除染するという「Phytoremediation」（植物を使った除染）という学問分野があるのですが、汚染しやすい植物として菜種を選び、菜種を栽培して除染しながら、汚染された土壌でも汚染しない農産物をつくる農業の可能性を模索したんです。５年計画で向こうの大学と一緒に実験を進めて、２０１１年の３月に成果をまとめ、政府に政策提言書を提出してプロジェクトは一区切りだったのですが、その直前に福島第一原発の事故が起きました。とにかく事実を知らないことには何もできない。正しい事実を知ったうえで対処することが基本だと身にしみていましたから、バスをチャーターして４月16日に福島県へ向かいました。

県の北半分を線量測定しながら移動して、南相馬、川内、飯舘などを訪問しました。南相馬市役所では桜井勝延市長にお会いしたのですが、職員の方々は混乱状態でした。約３００カ所に住民が避難していて、町がほとんど空なんです。地震と津波と放射能と３つの問題があって、そのケアに職員がかかりきりで他のことができない。私たちが「放射能はどれぐらいあるんですか」と聞いたら「わからない」とおっしゃるんですね。測定器は市に１台しかないと伺って、ボランティアで放射能の実態調査を始めました。南相馬市内全体――居住空間だけですが、５００ｍメッシュを碁盤目に区切って半年おきに同じ場所で空間線量率を測定する計画を立て、今年の10月に８回目の測定を終えました。事故前の空間線量率にプラス年間１㎜Svを目標に現実はどうなっているのかを知りたいと思ったのです。日本政府は居住禁止区域の基準を年間20㎜Sv以上と設定していますが、私たちはチェルノブイリと同様に５㎜Sv以上は居住すべきでない、という国際基準で測定しました。当初は５㎜Sv以下のエリアが５・１％しかなかったんですが、今年の10月には約70％まで広がりました。

阿部　それはどういうことなのでしょうか。

河田　全体として線量が下がったということですね。我々も意外だったのですが、セシウム１３７と１３４の半減期で計算した数値の倍近いスピードで下がってるんです。まだ科学的な追求はできていませんが、ひとつは雨だと思います。事故直後は表面数mmのところに超高濃度の汚染があったのが、雨で側溝や川に流れた。最近わかってきたのは、雨によって、表面からだんだん溶けて地中に浸透するんです。セシウム自体はあるけど、土壌自身に遮蔽効果があるので空間線量は下がってしまう。だから、外部被曝に関してはかなり下がってきた。

天野　そうすると、作物への心配が出てきませんか。

河田　はい。今度は内部被曝が問題になりますので、２０１１年の12月に、南相馬市で現地の方と一緒に「放射能測定センター・南相馬」を立ち上げて、２０１２年の6月から本格的に稼働しました。今は我々のスタッフが１人常駐して、現地の皆さんに研修してもらって、ボランティアで測定する体制です。地元の方々が持ち込む水、土、野菜……さまざまなものを無料で測定して、食べ物による内部被曝の状況を調べています。今でも避難解除されず、仮設住宅に住んでいる方もいらっしゃいますから、そこが交流の場にもなっている。危険なものと安全なものを区別して、ダメなものはダメと必ず伝えていますが、地元の方々は「安心した」と言うんですね。何かあったらあそこへ行けばいいと思ってきたと。私たちは測定結果を絶対に電話では伝えない。結果はＮＤ（不検出）でも数値は出ますから、必ず来ていただいて生のデータを見せて説明しています。

阿部　事実を伝えることで安心感が生まれる。

河田　ところが、国や行政は「安全だ、安全だ」と言いながら、数字や根拠を示さない。放射性セシウムについての一般食品の基準値が、１kg当たり１００Bqでしょう。ＮＤは20とかなんですが、ただＮＤと言うだけでは、19なのか３なのかわからない。なのに、行政は紙切れ一枚で「ＮＤ」と渡すわけです。それでは安心できないので、同じものをもう1回、こちらに持ってくる。だから、事実は事実としてクールに伝えることが大事だと思っています。危険なものは危険だと言って、でもこういう方法もあると提案できないといけません。

阿部　情報を開示しないで一方的に「問題ない、安全だ」と言えば言うほど、逆に不安を助長している面があるということですね。

天野　そういう情報をきちんと提供してないから、被災者が精神的に不安定な状態に置かれているんです。

大人の〈ぶれ〉が子どもに影響する

天野　私は福島県会津若松市で生まれ育ち、教員として福島の障害児教育に携わってきました。１９９７年から教育行政に関わるようになり、男女共同参画、福島県全域の学習網を整備する仕事をしてきました。そうした中で、東日本大震災、福島第一原発事故が起こったんです。

郡山市にある「ビッグパレットふくしま」というコンベンション施設に、原発立地の富岡町と隣接する川内村から、２５００人以上の方々が避難されたのですが、「運営が立ち行かなくなった、このままでは人が死ぬかもしれない状況に追い込まれている」と、県の災害対策本部に報告が上がってきました。避難所は通常、市町村が運営するのですが、急遽県から常駐の支援チームが派遣されることになり、当時県庁の生涯学習課にいた私が責任者として出向しました。２５００人ですから小さな村のようなものです。避難所運営の中で、崩壊したコミュニティを再生させつつ、被災された方々が自分の足で立っていくための自治を構築する必要があると考えて、５月１日に「おだがいさまセンター」（富岡町生活復興支援センター）という生活支援の拠点を立ち上げました。その年の８月末にビッグパレットふくしま避難所が閉じられた後も仮設住宅で運営を続け、２０１２年２月には現在の場所（郡山市富田町若宮前）に新築移転して、今年の３月まで私がセンター長を兼務していました。

阿部　避難所の中では、子どもたちはどのような状況に置かれたのでしょうか。たとえば地震や津波といった災害による被災と、原発事故は明らかに違うと思うのですが。

天野　当初は避難所の中から今の福島を見ていくという感じでした。元々災害はその地域、その社会の課題が顕在化すると言われています。今回の震災では、大人たちが原子力災害への明確な見通しがなく――知識もなかったので当然ですが――それに対する政府からの見解もなかった。そのことによって、大人自身が安定する基盤を失っていたわけです。その大人の〈ぶれ〉が、より強い形で子どもに表れていました。

１つ例を挙げると、避難所の中で子どもたちから「避難所の運営責任者の方へ」という匿名の手紙が来たんです。休憩所に置かれていた手紙をスタッフが見つけて私のところに持ってきました。読んでみると、青年前期の発達の特徴が出ている、若々しい自己中心的な言い分なんです。たとえば「就寝時間が決まっているのに時間を過ぎても起きている大人たちが多い」とか「お酒を飲んではいけないのにお酒を飲んでいる大人たちも多い」とか、鋭く大人たちの行為を見ている。「大人たちがしっかりすべきだ」と批判しつつ、「大人たちもわがままをしてるんだから、自分たちも夜遅くまで起きていていいじゃないか」と（笑）、避難所にない自分たちの自由の拡大を要求してきた。私は、自治を再生することで、被災者自身が自律的にコミュニティを取り戻すための支援をしたいと考えていたので、それをてこにして子どもの自治組織ができないかと思ったんです。すぐに「君たちと一緒に解決方法を考えたいから来てほしい」という返事を書いて休憩所に置いておきました。いつの間にかなくなっていたので、いつ来るかと待ち構えていたんですが、残念ながら「私たちの話を聞いてくれる大人がいてよかった」という返信があったきりでした。微笑ましくもあり残念でもあり……。避難所の大人たちの〈ぶれ〉を子どもたちが受けて、より大きな〈ぶれ〉となって表れた出来事の1つでした。

その翌年に、会津若松市に避難した大熊町のお母さんたちから、大熊町の中学生が会津若松市内を深夜徘徊していると報告がありました。子どもたちと話をした女性が保護者的な立場で注意すると、彼らは「俺たちなんかどうなってもいい。どうせ勉強なんか役に立たないし、大人になったら原発の廃炉作業員になればいいんだから」と言ったと言うんです。子どもたちのそういう考えは初めから自分たちの中に生まれるものではない。これは、大人たちの〈ぶれ〉――安定する基盤を失っていたことが影響している。コミュニティだけでなく、仕事、暮らし、家族、人生……自らの大人としてのアイデンティティも含めて揺らいでいる中で、自分たちは一体これからどうなっていくのか、一体どこに行けばいいのか。当然家庭でもそんな話になるわけで、それを子どもたちが聞いていないはずはありません。わずか14〜15歳で、彼らの人生に対する希望や夢を原子力災害が奪っていったことを象徴する話だと思っています。

避難所・仮設住宅での子どもの変化

阿部　ビッグパレットふくしまの避難所が閉じられて、子どもたちも仮設住宅に移った。そういう中での子どもの変化について、どのようにご覧になっていますか。

天野　仮設住宅ということに限って言えば、子どもたちの状況は極めて不安定になっています。クラスメートの大半が離散しているので、小学校や中学校の同窓会が成立しない。たとえば富岡第二小学校には約1000人の生徒がいたんですが、いま富岡町の小学校は三春町に建物を間借りして子どもたちが学んでいます。そこにいる総数は30人くらいですよ。子ども同士の交友関係が絶たれてしまっている。もちろん転校した子どももいます。私たち誰もが持っている「幼なじみ」ですが、避難した福島の子どもたちからはそれが奪われているということなんです。さらに、度重なる避難で転々とするわけですから生活そのものも落ち着かない。親が失業したり、子どもだけ安全なところに住まわせてお父さんは福島に残ったりという、同居家族の分断も出てきます。そうした家族が、自分たちの意思とは関係なくバラバラにされているという状況があるという事実をしっかり見なければなりません。子どもたちの生活環境、学習環境を見ても、元々の故郷における集団を保障できない状況です。そうした影響で子どもたちの生活の基盤である家庭環境も激変して非常に脆くなっていて、子ども自身の問題行動やストレスが増加している。そういう環境への適応を余儀なくされることによる、子どもの不安定化も指摘しておかなければいけないと思います。つまり、大人たちの不安定さが、より子どもたちに強く反映して、不安定の振り幅が大きくなってきているということですね。また、少なくない保護者が、将来的な子どもへの放射線被害の影響を心配しています。

阿部　母子避難を含めて、家族の分断の問題は深刻ですね。「暮らし」の問題はどうですか。

天野　「暮らしが奪われていく」と簡単に言ってしまいますが、その「暮らし」とは何なのか。「暮らし」というのは、決して寝る場所や食べるものだけあれば成立するものではないと思います。地域の中での関係性や家族の関係性、あるいは地域の中での祭りや伝統的な行事などに参加することで得られるアイデンティティなども含めての「暮らし」なんですね。子どもにとっては再び取り戻すことができない子ども時代に、親子・家族との関係、地域の中での子ども同士の関係、あるいは地域の中でのお祭りや年中行事的なものから引き離されている、ということなんです。だから「暮らし」そのものが奪われてしまっていると言っているわけです。子どもたちの発達の保障という視点で考えると、単なる賠償の問題だけではなくて、原発事故以前に担保されていた教育環境、故郷の環境を早期に取り戻すことが、最も求められていることではないでしょうか。

避難者・震災関連死・保養

天野　一般的には〈自主避難〉と言いますが、区域外避難をしていた親たちが、今経済的な事由で徐々に福島に戻りつつあります。世帯分離をしているわけですから、補償は出ないという状況下で、生活費は２つ分、３つ分かかってしまうからです。

阿部　本当は、仕事があれば全員で避難したいんですよね。でも仕事がないから別れていて、別れていると生活ができなくなるから戻らざるを得ない。

天野　母子避難、自主避難されている当事者も情報が欲しいと言っています。それで「何が欲しいですか」と聞くと安定した「職」と安心できる「食」なんです。それから、除染、保養、賠償。

阿部　今そういう情報は、どこで得られるのでしょうか。相談できるところはあるのでしょうか。

天野　たとえば、子どもが小学校に上がるので福島の学校に入れたいと思って親は戻ってきますね。さまざまな支援活動が展開されていますが、すべての自主避難者に対して必要な情報を届ける仕組みがないんです。戻ってきたら〈今浦島〉で、いつの間にか県内のほうが元通りになっているかのように見えるものですから、放射能って本当は今どうなっているんだろうと思っても……。

河田　放射能の話はできないですね。隣近所でもそうだし、家族の中でもしにくいと聞きます。

天野　外でママ友に話をしても「いつまでそんなこと言ってるの」と言われたり、勝手に逃げたんだからと地域のママ友の集団から疎外されるのが怖くて、話を自ら封印してしまう。そのことで自分だけが神経質なんじゃないかとストレスを抱え込んでいく。そうなると、県外の避難先にいたときのほうがむしろ安定していたんじゃないか。みんな心配してくれますし、そこでの関係も生まれていた。だから、「できればもう一度避難したい」なんて言う親たちもいるんです。福島の中で孤立している、元のコミュニティに戻るときの親子のケアも見ていかなければいけません。

河田 地震、津波という災害だけじゃない、放射能があるからなんですよ。

天野 震災で亡くなる方は、直接死と震災関連死がありますが、東日本大震災の直接死の原因は第一が水死です。阪神・淡路大震災のときは圧死でした。その後、命は助かったけれど、避難所や仮設住宅を転々とする中でストレスをため込んでしまい、鬱的な状態になって自死をされる。あるいは持病が悪化して展望が持てずに結局亡くなってしまう。今年6月頃の数字を基につくったデータでは、亡くなった方々の総数のうち関連死は、岩手県が約8・5%、宮城県が8・6%、福島県は51・4%なんです。同じ〈東日本大震災〉という災害から考えたときに、やはり異常な数字ですよ。

阿部 河田さんはチェルノブイリの支援活動の中で、避難できない地域の子どもの生活や活動を見てこられたと思うのですが、子どもや家族をめぐる状況について感じられることはありますか。

河田 支援先の幼稚園に行くと「この幼稚園の子どもに病気を持っていない子は1人もいない」と言われます。地域の病院が年間に使う医薬品の半分は今でも我々が支援していますから、生データは全部もらえるんです。その数字を見ると6割の大人は何かしらの病気を持っている。子どもだと風邪などの軽い症状も含めると平均2つぐらい、どの子も持っている。事故直後に子どもだった人が、今はお母さんになって子どもを産む状況ですから、そのことも心配です。

国の対策として、たとえば学校の給食には、28年経った今でも汚染しない食料を外から入れています。それから、汚染されていない地域に600人ほど収容できる巨大な保養所があって、夏と冬には1~2カ月くらい全員避難するんです。

阿部 子どもたちは何歳くらいまで保養所へ行くんですか。

河田 中学生くらいまでですね。それは制度として決まっています。保養所では診察や治療もできますし、そこで勉強もできる。非常に環境がいいところにつくられているので、昼間は走り回って遊んだりもできます。そこに来ると皆元気に帰っていくんですね。日本でも、そうした保養プログラムなどを国家的政策として実施すれば親も子どもも安心できるのではないでしょうか。

菜種を用いた高校生との除染プロジェクト

河田 私たちは南相馬市をベースに活動していますが、ウクライナの経験を基に昨年から現地の農家の方々と農地再生協議会を始めました。菜種を植えて農業復興につなげようというものです。

天野 2011年に、ヒマワリにも吸着効果があるんじゃないかという情報がありましたね。

河田 農林水産省がヒマワリを使った除染の実証実験をしましたが、すぐに効果はないと発表しました。それは花が咲く前に収穫して測定したからです。植物は花期に近くなると急にセシウムの吸収力が高くなって種や花に行く。それを政府は無視したので効果が出るはずがないんです。

ウクライナでの研究でわかっていましたが、菜種は汚染しやすくて1kg当たり80～100Bqある。でも油粕と油に分けると油粕に残るので、油のほうは全く汚染がないんです。ゲルマニウム半導体検出器で精密測定すると、油は1kg当たり0・03Bqが検出限界ですが、それでもNDでした。事実上ほぼゼロ。それがわかったので、商品化して地元の復興につなげようと販売を始めたところです。

天野 すばらしい。そういう知見を持ってきてもらえるといいですね。

河田 もう1つ、まだ福島ではやってないのですが、菜種を植えた裏作に他のものを植えますね。菜種は連作障害があるので続けて植えられませんから、1回植えたら2～3年あけて植えなければいけない。その間は他のものを植えるんです。ウクライナでは小麦やライ麦、ソバ、大豆を植えました。麦もいきなり植えると数値が高く出ますが、菜種の裏作で植えると下がるんです。小麦はNDになっちゃう。土の中の水分に溶けているセシウムしか吸い上げられないので、汚染しやすい植物が土から吸い上げるんですね。強い吸収能力のもので一旦吸い上げると、大半は土に強く結合しているので、それがまた溶け出すまでに時間がかかる。その間は汚染が少ない。だから菜種を植えた次の年は汚染しやすいものを植えても汚染が少ない。で、また溶けてきた頃にまた菜種を植えるんです。ウクライナではそういう実験をやって成功しました。

天野 なるほど。たとえば、汚染された学校の校庭を菜種畑にしちゃうというのもありですよね。

河田 そうですね。子どもに関して言うと、去年の秋、滋賀県にある「菜の花プロジェクトネットワーク」という団体と一緒に、南相馬市の海岸に菜の花を植える「南相馬菜の花プロジェクト」

をやったんですが、相馬農業高校（南相馬市）の生徒たちと先生が100人以上、参加してくれました。そのときに植えた菜種を今年の春収穫して菜種油を商品化しまして、その収益で農家を助けるという計画です。今300ccの瓶で8000本近くあります。

天野　相馬農業高校に油を搾る機械もあるんですか。

河田　いえ。今は栃木にいる私の知り合いが搾油所を持っているので、そこで搾油しています。お金もかかりますが、1～2年後にはいずれ南相馬に搾油所をつくりたいですね。

阿部　高校生はどんな経緯で関わりを持ったんですか。

河田　私たちと会う前から、彼らも菜種を植えて小規模ながら実験的に油を搾ってたんです。私たちのプロジェクトに参加したのは「菜の花プロジェクトネットワーク」の藤井絢子さんがコンタクトをとったのがきっかけです。今年の秋にはもっと広く呼びかけ、同じように高校生たちが集まって菜種を一緒に植えました。今年植えた菜種は来年の春に収穫してまた商品化する予定です。

　高校生たちは、どうしたら安全な南相馬を取り返せるのかを、自分たちなりに考えているんですね。ワークショップで彼らと話すチャンスもあったんですが、アイディアいっぱいでおもしろい。たとえば、将来汚染がなくなったら、南相馬特産の野菜でレストランを開いて皆を持てなしたい、レストランの屋根にはソーラーパネルで自家発電するとか、皆が再び集まれる交流の場をつくって若者と年寄りを結ぶ絆の場にしたいとか、南相馬の自然と歴史を土台に未来の夢を語ってくれました。

阿部　まさに自分たちの手で除染できるということがわかったんですね。そのことによる子どもの変化は何か感じられましたか。

河田　イベントだけの付き合いなので、深くはわかりませんが、ちょっと元気になっている気がしますね。商品化した菜種油の瓶のラベルづくりも、高校生のほうから「やります」と言ってデザインしてくれたんです。かわいいですよ。「油菜《ゆな》ちゃん」という名前のキャラクターなんですけど（笑）。すごく評判いいです。台所でお母さんが「何とかちゃん、油菜ちゃんとって」みたいな使い方をしてほしいと。それが彼女たちの願いなんです。

天野　子どもたちを守ることを考えるときに大事なのは、大人たち自身が夢想ではなく、きちんとした形で希望を持ち、希望を語るだけではなく、希望をつくり出していく。河田さんたちの取り組みは大人のあるべき姿のひとつだと思いますし、そこに相馬農業高校の生徒たちが共鳴して参加する。そういうありようこそが持続可能な社会をつくるときの基盤を成すのではないでしょうか。

福島の今後の課題

天野　今は福島の状況を話していますが、併せて心配なのは栃木や茨城の方々なんです。福島が注目されて〈被災地〉と言われているので、仮に健康被害が出て来ても、きちんと補償させていくことができる。しかし、栃木や茨城では風評被害を恐れるあまり、大丈夫だということを言ってしまった。モニタリングポストの数も福島と比べて大きく違いますよね。でも福島県との境に壁があるわけではないですよね。那須町なんか一時期は高線量でした。今後、健康被害が出ても「あなた方は大丈夫だと言ったでしょう」と言われてしまう可能性もある。

阿部　福島県以外の地域が「うちは大丈夫」と言うとき、風評被害、別の言葉を使えば〈差別〉という話になりますね。実際に福島に住んでおられる状況の中で感じることはありますか。

天野　県内での話は直接聞いていませんが、日本生態系協会の会長が「福島の人とは結婚しないほうがいい」と言った、という話がありましたね。それから、県外に避難をした方で、家族全員が一緒に住んでいたんだけれども、安否確認で訪問してみたら、おじいちゃんとお父さんだけが残っていたと。聞いてみると、子どもが「放射能がうつる」と学校でいじめられたので新潟に転校したと言うんです。

先日水俣へ調査に行ったのですが、構造的に福島の状況と非常に似ているんですね。吉井正澄元市長の話を伺って印象に残ったのは、教育委員会から、子どもたちが修学旅行先でいじめられたと報告があったときに「それは私の仕事ではない、教育の問題でしょう」と元市長が言って、そこから水俣市内で「水俣学」という取り組みが始まったという話です。その後、他所へ行ったときに子どもたちが差別を受けたけれど「水俣病はうつらない」と科学的な根拠を示して批判したと聞き、元市長も「そういうことを教育に求めていた」と当時の喜びを語ってくれました。

阿部　水俣病をはじめとする公害問題では、その原因を科学的に伝える環境教育と、公害問題から派生した差別や分断に対応する人権教育の２つが重要であることが、過去の経験からわかってきています。公害の経験とそこから派生した社会的な問題に学ぶべきでしょう。

天野　ええ。今の福島にとっての教育の方向性を如実に示しているし、そこから我々は謙虚に学ぶべきだと思うんです。放射線教育の教材が福島の中でもつくられましたが、放射能の性質や安全性についての問題だけでなく、むしろ「福島の人とは結婚しないほうがいい」とか「放射能がうつる」といった声に対して大人が子どもを守るのは当然ですが、子どもたち自身がその差別と闘う力を身につけていく教育をすべきではないか。今後の福島の教育の大きな課題だと思います。

河田　今は情報が溢れていて、何が本当かわからない。そうすると、自分で考えるよりも権威のある学者や政府が言うことを信じざるを得ない環境になっています。大人だってそうですよ。だから放射能だけでなく、震災や災害時に自分の頭で考える力を養う、そういう体質をつくるための教育ができるといいのではないでしょうか。

阿部　放射能というのはひとつの切り口であって、ベースとして、自分の頭で考える力を養う学びが必要。まさにＥＳＤにつながる考え方です。天野さんは障害児教育がご専門で、震災を契機にコミュニティの再生に取り組んでこられましたが、今後どんな形でコミュニティが再生していけばいいとお考えですか。学校あるいは子ども集団が社会教育を含めて、それがどういう役割を果たすのか。

天野　仮設住宅の中で一旦コミュニティをつくり上げても、復興公営住宅に行けばゼロになってしまって、そこからまた再生しなおさなければいけません。震災前、地方も都市化が進んでいて、いわゆる都市生活者が増えていますから、隣に住んでいる人の顔もわからない、自分の生活の中で人との関係性を切り結ぶことを煩わしいと思っていた。そんなときに震災が起きて、手垢のついた「絆」という言葉を引っ張り出してきて、みんな共感したわけです。私がチャンスだと思うのは、今まで煩わしいと思っていたような関わりでもなく、全く人と関わらないのでもない、それでも関係性を保って、緩やかなつながりを実感できる社会システムを、福島の再生の過程の中で示すことができたら、福島が世の光になれるのではないか。福島のことは福島にいる人が決めるという基本的なスタンスに立ち、ひとつの「福島モデル」として、新たなコミュニティのあり方を示していくチャンスにもなるのではないでしょうか。

河田 ひとつのきっかけになると思うのは、南相馬や他の地域でもよく聞きますが、震災前と比べて、福島の子どもたちは大人になったと言われますね。いい意味で成長したと。大変な経験をしたけれど、否応なく自分で判断しなければいけない状況に迫られたからじゃないかと思うんです。

天野 あの震災前から「郷育」（故郷の教育）という言葉が使われています。当て字のようなものですが、震災を経て、故郷を失うかもしれないという危機感を持った県民がいる。福島とは何か、故郷とは何か。子どもたち自身も自分たちの町がなくなるかもしれないと考えざるを得ない。そういう教育の場にもなっていますから、逆に好機と捉えていくべきではないかと思っています。

自ら発信していくこと

阿部 福島の方々が、河田さんのような外の人と関わることは、どんな可能性を持っているとお考えですか。

天野 河田さんの画期的な取り組みのように、今回の震災をきっかけにして新たにつくられた力は非常に大きいですね。そういう外の方々の支援を受けながら、被災地のことは被災地の人間が決めていく、それが〈支援〉ということだと思います。

阿部 震災以降、日本人は社会のために活動するようになってきたと言われています。それはいいことなんだけれど、その一方でナショナリズムが煽られています。先ほど天野さんがおっしゃった「絆キャンペーン」が震災からの復興の過程で出てきましたが、うまく利用されているような気もしていて、そこはやはり直視しなければいけません。幸か不幸か、放射線被害の中で事実を見ることの大切さが見えてきたので、それを普遍化して、事実を見つつ批判力や自分で考える力を育む必要があります。

河田 絆というのは、上から与えられるものではないんですよ。それは必ずしも福島の中、日本の中だけに限らず、国際的にも関係をつくっていくことが大事だと思うんです。チェルノブイリに入ったときから〈クリスマスカード・キャンペーン〉をやっています。現地を訪問したとき、人々が孤立していて精神的に病んでいました。それは医療支援だけでは解決できません。初めは向こうのお母さんと日本のお母さんとの手紙のやりとりを仲介していたんですが、ソ連が崩壊して、インフレで手紙の裏も表も切手だらけになっちゃった（笑）。そこで一方的でもいいからと、日本からチェルノブイリにクリスマスカードを送るキャンペーンを全国で始めて23年くらいになります。年に1000〜2000通送っていましたが、福島で原発事故が起きて、今度は向こうから福島の子どもたちにお返しが来るようになったんです。今年は1000通を超えました。

天野 すごいですね。一対一で対応するんですか。

河田 今のところ、私たちのところにまとめて送ってくるので、それを冬休み前に幼稚園や小学校に配るんです。チェルノブイリのほうでも、自分たちにも日本の子どもたちのためにできることがあると思えてきたんですよ。それも、弱いけれども「絆」ですよね。

天野 仲間は大事だとか、つながりは大事だとか、情緒的な物言いで何となく雰囲気が流されていくのではなく、つながりというもの自体を分析して、社会システムとして構築し、保障していく取り組みがあればこそ、単純にナショナリズムに与するようなものにはならないと思うんです。

河田 南相馬に残っている人が「日本全体から見ると、自分たちがいつの間にか忘れられかけているように感じる、それがいちばん怖い」と言うんですね。

天野 ただ、県内にいる者として思うのは、「忘れられてしまう、風化してしまう」と言う県民が多いんですが、そのとき私は「福島県民がいつまで阪神・淡路大震災のことを覚えていましたか？　いつまで新潟県中越沖地震のことを気にしていましたか？」と言うんです。忘れるんですよ、それは。被災地外の方々にも目の前の生活があって、プライオリティで見ていけば、自分の生活を考えていかなければいけない。もしも風化を憂うのであれば、我々自身が発信していくしかないんです。「ぜひ福島に来て、今の福島をあなたの目でご覧いただいて、ご自身の生活に戻ったときに伝えてください」と、そういう発信の仕方が大事なんじゃないかと思います。

阿部　河田さんからは菜種を用いた除染や菜種油の活用、チェルノブイリでのご経験を踏まえた被災地を励ます具体的な活動、天野さんからは、被災後の子どもと大人との関係などについて、お話しいただきました。

河田さんのお話にあったように、放射性物質が時間経過とともに移動していくことや被曝による人体への将来的影響、具体的には子どもたちへの影響を注視していくことが必要です。また天野さんのお話のように、子どもたちの生活の場が奪われたこと、とくに私が懸念していることは、原発事故を契機に野外での活動が制限される中で自然との触れ合いが決定的に欠如していることですが、これなども長期的な視点で考えなければなりません。さらに、指摘されている差別の問題なども時間経過とともに表面的には見えずとも深く浸透していく恐れがあります。いずれも時間軸の問題です。風化させることなく、かつ、長期的な視野に立った継続的な取り組みが必要です。その際に、チェルノブイリは勿論ですが、水俣病などを通して経験した〈学び〉をしっかりと踏まえることが力になるのではないでしょうか。

そして、南相馬の高校生のように、住民自身が復興の主体者として、厳しい中でも前向きに関わっていくことが決定的に重要です。原発の設置から事故、その後の対応など、〈中央〉に翻弄されてきた〈地方〉である福島が、故郷を失うほどの大きな代償と引き換えに主権者、未来の決定者として復権してきたともいえます。たとえば、震災後のいわき市でオーガニックコットンの栽培と製品化などを通じて、復興に向けた活動を展開している「いわきおてんとSUN企業組合」は、自分たちのめざす20年後の持続可能な地域の絵を描いています。言うまでもなく、福島県内でも地域によって状況は異なりますが、このように未来志向で活動していくことを応援し、全国各地で自身の問題として取り組むことが求められています。福島の再生なくして日本の再生はあり得ません。

（2014年12月14日、立教大学にて収録）

おわりに

昨年11月に、国連ESDの10年の最終年会合が、国連としてのESDの主導機関であるユネスコによって名古屋市で開催されました。しかし、序章で述べたように、ユネスコによる主導のもと、ESDの国際的推進は今後も引き続きなされます。また国連が2016年からのポスト開発アジェンダとして取り組む国連持続可能な開発目標（案）にESDが掲載されました。世界が混沌とした状況に向かう中で、今後、ESDの重要性はますます高まっていくでしょう。

国連ESDの10年の提唱国であり、世界のESDを牽引しているという自負を持っている日本は、本書でも指摘されているように、東日本大震災と福島第一原発事故を契機に持続可能な社会づくりに真正面から向き合うことが求められています。

日本とともに世界のESDを主導している国に、スウェーデンとドイツが知られています。昨年の最終年会合において、両国の政府代表団の一員として来日した友人たちから、「3・11で日本が持続可能な国づくりに大きく転換することを期待していたが、そうなっていないのはとても残念だ」との言葉をいただきました。残念ながら、この言葉を否定できない現実があります。本書が、このような状況をいくばくかでも変えるきっかけになることができたならばとても嬉しいです。

本書は、立教大学学術推進特別重点資金（立教SFR）重点領域プロジェクト研究「課題解決型シミュレーションによるＥＳＤプログラムの研究開発」（研究代表者・阿部治、２０１２〜２０１４年度）の研究成果の一環として刊行したものです。ご多忙の中、ご寄稿いただいた執筆者の方々にお礼申し上げます。また、編集作業をお手伝いいただいた後藤隆基氏（立教大学ＥＳＤ研究所）、合同出版編集部のみなさまに心からお礼申し上げます。

２０１５年３月

阿部　治

【執筆者紹介】

阿部 治（あべ・おさむ）
1955年、新潟県生まれ。立教大学社会学部・異文化コミュニケーション研究科教授。同大学ESD研究所所長。専門は環境教育・ESD。主な近著に『ESDと大学』（共著、風媒社）、『環境教育事典』（共編著、教育出版）、『環境教育とESD』（共編著、東洋館出版社）など。

三浦俊彦（みうら・としひこ）
1959年、福島県生まれ。福島県教職員組合放射線教育対策委員会委員長。同福島支部執行委員。小学校教諭。福島県教職員組合元中央執行委員。

坂内智之（ばんない・ともゆき）
1968年、福島県生まれ。福島県郡山市立桑野小学校教諭。震災時は原発事故で避難してきた子どもたちの学習ボランティアや「みんなで防ごう放射線」の配布を行う。主な著書は『放射線になんかまけないぞ！』（太郎次郎社エディタス）、『エネルギーと放射線の授業』（共著、太郎次郎社エディタス）。

後藤隆基（ごとう・りゅうき）
1981年、静岡県生まれ。立教SFR重点領域プロジェクト研究リサーチアシスタント。川村学園女子大学非常勤講師。専門は日本近代演劇・文学。博士（文学）。関礼子編『"生きる"時間のパラダイム――被災現地から描く原発事故後の世界』（共著、日本評論社）など。

後藤 忍（ごとう・しのぶ）
1972年、大分県生まれ。福島大学理工学群共生システム理工学類准教授。専門は環境計画・環境システム工学・環境教育など。福島大学放射線副読本研究会代表。主な編著に『みんなで学ぶ放射線副読本――科学的・倫理的態度と論理を理解する』（合同出版）、福島大学原発災害支援フォーラム［FGF］×東京大学原発災害支援フォーラム［TGF］『原発災害とアカデミズム――福島大・東大からの問いかけと行動』（共著、合同出版）など。

石川康宏（いしかわ・やすひろ）
1957年、北海道生まれ。神戸女学院大学文学部・総合文化学科教授。専門は経済理論・経済政策論。主な著書に『「おこぼれ経済」という神話』（新日本出版）、『若者よ、マルクスを読もうⅠ・Ⅱ』（共著、かもがわ出版）など。

小玉敏也（こだま・としや）
1961年、福井県生まれ。麻布大学生命・環境科学部教授。専門は学校での環境教育・総合的学習・ESD。主な編著に『学校での環境教育における「参加型学習」の研究』（単著、風間書房）、『学校環境教育論』（編著、筑波書房）など。

上條直美（かみじょう・なおみ）
東京YMCA、明治学院大学国際平和研究所、立教大学異文化コミュニケーション研究科を経て、2014年よりフェリス女学院大学ボランティアセンターコーディネーター。専門は開発教育・社会教育。主な編著に『地域から描くこれからの開発教育』（共著、新評論）など。

八木亜紀子（やぎ・あきこ）
静岡県生まれ。国際協力NGOや中間支援組織等を経て、2007年よりNPO法人開発教育協会（DEAR）職員。広報や教材作成、ワークショップのファシリテーターなどを務めている。教材『もっと話そう！　エネルギーと原発のこと』（DEAR）の制作者の1人。

河田昌東（かわた・まさはる）
1940年、秋田県生まれ。NPO法人チェルノブイリ救援・中部理事。専門は分子生物学、環境科学。著書に『チェルノブイリと福島』（緑風出版）、『チェルノブイリの菜の花畑から――放射能汚染下の地域復興』（共編著、創森社）、訳書にJ. ワトソン著『遺伝子の分子生物学』（第1版）。

天野和彦（あまの・かずひこ）
1959年、福島県生まれ。福島大学うつくしまふくしま未来支援センター特任准教授。著書に『生きている 生きてゆく ビッグパレットふくしま避難所記』（共編著、アム・プロモーション）、『生涯学習政策研究 生涯学習をとらえなおす――市民協働による教育行政』（共著、悠光堂）、『福島大学の支援知をもとにしたテキスト災害復興支援学』（共著、八朔社）など。

原発事故を子どもたちにどう伝えるか
――ESDを通じた学び

2015年3月30日　第1刷発行

編　者　阿部　治
発行者　上野良治
発行所　合同出版株式会社
東京都千代田区神田神保町1-44
郵便番号　101-0051
電話　03（3294）3506
振替　00180-9-65422
ホームページ　http://www.godo-shuppan.co.jp/
印刷・製本　新灯印刷株式会社
■刊行図書リストを無料進呈いたします。
■落丁・乱丁の際はお取り換えいたします。

ISBN978-4-7726-1236-4　NDC370　210 × 148